Dolci irresistibili 2023

Scopri i segreti della pasticceria con queste deliziose ricette

Giada Rossi

CONTENUTI

Torta con fattoria gocciolante 12
Pan di zenzero americano con salsa al limone 13
Pan di zenzero al caffè 15
Torta con crema allo zenzero 16
Torta allo zenzero di Liverpool 17
Pan di zenzero di farina d'avena 18
Pan di zenzero appiccicoso 20
Pan di zenzero integrale 21
Torta al miele e mandorle 22
Torta al limone 23
Anello da tè freddo 24
Torta di lardo 26
Lardy torta al cumino 27
Torta di marmo 28
Torta a strati del Lincolnshire 29
una pagnotta 30
Torta alla marmellata 31
Torta di semi di papavero 32
Torta semplice allo yogurt 33
Torta di prugne e crema pasticcera 34
Torta di lamponi con glassa al cioccolato 36
Torta di sabbia 37
Torta di cereali 38
Ciambellone speziato 39

Torta a strati speziata 40

Torta di zucchero e cannella 41

Torta da tè vittoriana 42

Torta alla frutta tutto in uno 43

Torta alla frutta in padella tutto in uno 44

Torta di frutta australiana 45

Torta ricca americana 46

Torta di frutta alla carruba 48

Torta di frutta al caffè 49

Pasta pesante della Cornovaglia 51

Torta di ribes 52

Torta di frutta scura 53

Pasta tagliata e restituita 55

Torta Dundee 56

Torta di frutta senza uova per la notte 57

Torta di frutta affidabile 58

Torta allo zenzero 60

Torta di frutta al miele 61

Torta genovese 62

Torta alla frutta Glace 64

Torta alla frutta Guinness 65

Pasta macinata 66

Torta di farina d'avena e albicocche 67

Torta di frutta per la notte 68

Torta con uvetta e spezie 69

Torta Richmond 70

Torta allo zafferano 71

Torta di frutta soda 72
Una torta di frutta veloce 73
Torta alla frutta con tè caldo 74
Torta di frutta con tè freddo 75
Torta alla frutta senza zucchero 76
Piccole Torte Di Frutta 77
Torta di frutta all'aceto 78
Torta al whisky della Virginia 79
Torta alla frutta gallese 80
Torta alla frutta bianca 81
torta di mele 82
Una torta di mele speziata con una superficie croccante 83
Torta di mele americana 84
Torta con purea di mele 85
sidro di mele 86
Torta di mele e cannella 87
Torta di mele spagnola 88
Torta di mele e sultanina 90
Torta di mele capovolta 91
Torta con albicocche 92
Torta di albicocche e zenzero 93
Torta di albicocche ubriache 94
torta alla banana 95
Torta croccante alla banana con una parte superiore croccante ... 96
Spugna di banana 97
Torta alla banana ricca di fibre 98
Torta alla banana e limone 99

Torta al cioccolato alla banana frullatore 100

Torta di banane e noci 101

Torta all-in-one con banana e uvetta 102

Torta al whisky alla banana 103

Torta ai mirtilli 104

Torta di ciliegie di ciottoli 105

Torta di ciliegie e cocco 106

Torta di ciliegie e sultano 107

Torta di ciliegie e noci congelata 108

Torta di susine 109

Torta di datteri e noci 110

torta al limone 111

torta di mandorle all'arancia 112

Torta di avena 113

Torta di mandarini piccante e surgelata 114

Torta alle arance 115

Torta alle Pesche 116

Torta arancia-marsala 117

Torta di pesche e pere 118

Torta umida all'ananas 119

Torta di ananas e ciliegie 120

Torta natalizia all'ananas 121

Ananas capovolto 122

Torta all'ananas 123

Torta di lamponi 124

Torta al rabarbaro 125

Torta al rabarbaro e miele 126

Torta di barbabietole 127

Torta di carote e banane 128

Carote e torta di mele 129

Torta di carote e cannella 130

Torta di carote e zucchine 131

Torta di carote e zenzero 132

Torta di carote e noci 133

Torta di carote, arance e noci 134

Torta di carote, ananas e cocco 135

Torta di carote e pistacchio 136

Torta di carote e noci 137

Torta di carote speziata 138

Torta di carote e zucchero di canna 140

Torta di zucchine e zucca 141

Torta di zucchine e arancia 142

Torta di zucchine speziata 143

torta alla zucca 145

Torta alla frutta di zucca 146

Rotolo di zucca condito 147

Torta al miele e rabarbaro 149

Torta di patate dolci 150

Torta di mandorle italiana 152

Torta di mandorle e caffè 153

Torta di mandorle e miele 154

Torta di mandorle e limone 155

Torta di Mandorle all'Arancia 156

Ricca Torta Di Mandorle 157

Torta Amaretto Svedese	158
Pane al cocco	159
torta al cocco	160
Torta dorata al cocco	161
Torta al cocco	162
Torta al limone e cocco	163
Torta di cocco di Capodanno	164
Torta sultanina al cocco	165
Torta di arachidi croccante	166
Torta mista di arachidi	167
Torta di arachidi greca	168
Torta di arachidi surgelata	169
Torta di noci con crema al cioccolato	170
Torta di noci con miele e cannella	171
Barrette di mandorle e miele	172
Crumble con mele e ribes nero	174
Barrette con albicocche e farina d'avena	175
Crostini di albicocca	176
Barrette di banana e arachidi	177
Biscotti americani	178
Torta al cioccolato fondente	179
Brownies alla nocciola e cioccolato	180
Barrette di burro	181
Toffee alla ciliegia su un vassoio	182
Casseruole Di Cioccolato Su Un Vassoio	183
Uno strato di crumble alla cannella	184
Barrette appiccicose alla cannella	185

Barrette al cocco	186
Panini con cocco e marmellata	187
Date e Apple Traybake	188
Fette di datteri	189
I data bar della nonna	190
Barrette di datteri e avena	191
Barrette di datteri e noci	192
Fico Bara	193
flipjack	194
Frittelle di ciliegie	195
Frittelle al cioccolato	196
Frittelle di frutta	197
Flapjacks con frutta e noci	198
Bastoncini di zenzero	199
Frittelle di arachidi	200
Biscotti Piccanti Al Limone	201
Moka e quadrati di cocco	202
Ciao Dolly Biscotti	204
Barrette di noci, cioccolato e cocco	205
Quadrati Di Noce	206
Fette di arancia pecan	207
Parkin	208
barrette al burro di arachidi	209
Fette da picnic	210
Barrette all'ananas e cocco	211
Torta di prugne e lievito	212
Barrette di zucca americane	214

Barrette di mele cotogne e mandorle 215
Barrette di uvetta 217
quadrati di farina d'avena lampone 218

Torta con fattoria gocciolante

Fa una torta da 18 cm / 7 pollici

225g/8oz/11/3 tazza di miscele di frutta secca (miscela per torta di frutta)

75 g/3 once/1/3 di tazza di manzo gocciolante (accorciamento)

150 g / 5 once / 2/3 tazza di zucchero di canna morbido

250ml/8oz/1 tazza di acqua

225 g/8 oz/2 tazze di farina integrale (integrale)

5 ml/1 cucchiaino di lievito in polvere

2,5 ml/½ cucchiaino di bicarbonato di sodio (bicarbonato di sodio)

5 ml/1 cucchiaino di cannella in polvere

Un pizzico di noce moscata grattugiata

Un pizzico di chiodi di garofano macinati

In una padella dal fondo spesso portare a ebollizione la frutta, le gocce irritanti, lo zucchero e l'acqua e cuocere a fuoco lento per 10 minuti. Lasciar raffreddare. Mescolare gli altri ingredienti in una ciotola, quindi versare il composto sciolto e mescolare delicatamente. Versare in una teglia (teglia) da 18 cm/7 unta e foderata e cuocere in forno preriscaldato a 180°C/350°F/gas mark 4 per 1 ora e mezza, fino a quando non sarà ben lievitata e si restringerà dai lati della teglia.

Pan di zenzero americano con salsa al limone

Per una torta da 20 cm/8 pollici

225 g/8 oz/1 tazza di zucchero fine

50 g di burro fuso o margarina

30 ml/2 cucchiai di melassa nera (melassa)

2 albumi d'uovo, leggermente sbattuti

225 g/8 once/2 tazze di farina normale (per tutti gli usi).

5 ml/1 cucchiaino di bicarbonato di sodio

5 ml/1 cucchiaino di cannella in polvere

2,5 ml/½ cucchiaino di chiodi di garofano macinati

1,5 ml/¼ di cucchiaino di zenzero macinato

Pizzico di sale

250 ml/8 fl oz/1 tazza di latticello

Per la salsa:

100 g/4 once/½ tazza di zucchero semolato

30 ml/2 cucchiai di farina di mais (farina di mais)

Pizzico di sale

Un pizzico di noce moscata grattugiata

250 ml/8 fl oz/1 tazza di acqua bollente

15 g/½ oz/1 cucchiaio di burro o margarina

30 ml/2 cucchiai di succo di limone

2,5 ml/½ cucchiaino di scorza di limone finemente grattugiata

Mescolare zucchero, burro o margarina e melassa. Aggiungi le proteine. Mescolare la farina, il bicarbonato di sodio, le spezie e il sale. Mescolare la farina e il latticello alternativamente con il burro e lo zucchero fino a quando non saranno ben amalgamati. Mettetene un cucchiaio in una tortiera del diametro di 20 cm/8 imburrata e infarinata e cuocete in forno preriscaldato a 200°C/gas 6 per 35 minuti, fino a quando uno stecchino inserito al centro esce pulito. Lasciare raffreddare nella padella per 5 minuti, quindi posizionare sulla gratella per completare il raffreddamento. La torta può essere servita fredda o tiepida.

Per preparare la salsa, unire lo zucchero, la farina di mais, il sale, la noce moscata e l'acqua in una piccola casseruola a fuoco basso e mescolare fino a quando non saranno ben amalgamati. Cuocere a fuoco lento, mescolando, fino a quando la massa è densa e chiara. Aggiungere il burro o la margarina e il succo di limone, la scorza e cuocere fino a quando non saranno combinati. Versare sopra il pan di zenzero per servire.

Pan di zenzero al caffè

Per una torta da 20 cm/8 pollici

200 g/7 oz/1¾ tazza di farina autolievitante (autolievitante)

10 ml/2 cucchiaini di zenzero macinato

10 ml/2 cucchiaini di caffè solubile in grani

100ml/4oz/½ tazza di acqua calda

100 g/4 once/½ tazza di burro o margarina

Sciroppo di mais dorato (leggero) da 75 g/3 once/¼ di tazza

50 g / 2 once / ¼ di tazza di zucchero di canna morbido

2 uova sbattute

Mescolare la farina e lo zenzero. Sciogliere il caffè in acqua calda. Sciogliere la margarina, lo sciroppo e lo zucchero, quindi mescolare con gli ingredienti secchi. Aggiungere il caffè e le uova. Versare in una teglia (teglia) a cerniera da 20 cm/8 unta e foderata e cuocere in forno preriscaldato a 180°C/350°F/gas mark 4 per 40-45 minuti, fino a quando non sarà ben lievitata ed elastica al tatto.

Torta con crema allo zenzero

Per una torta da 20 cm/8 pollici

175 g/6 once/¾ tazza di burro o margarina, ammorbidito

150 g / 5 once / 2/3 tazza di zucchero di canna morbido

3 uova, leggermente sbattute

175 g/6 once/1½ tazza di farina autolievitante

15 ml/1 cucchiaio di zenzero macinato Per il ripieno:

150 ml/¼ pt/2/3 tazza di panna doppia (pesante).

15 ml/1 cucchiaio di zucchero a velo (dolciumi), setacciato

5 ml/1 cucchiaino di zenzero macinato

Sbattere il burro o la margarina con lo zucchero fino a ottenere un composto chiaro e spumoso. Aggiungere gradualmente le uova, poi la farina e lo zenzero e mescolare bene. Versare in due stampi per sandwich (padelle) unti e rivestiti da 20 cm e cuocere in forno preriscaldato a 180°C/350°F/gas mark 4 per 25 minuti fino a quando non sarà gonfio ed elastico al tatto. Lasciar raffreddare.

Montare a neve ferma la panna con lo zucchero e lo zenzero, quindi ripiegare i biscotti.

Torta allo zenzero di Liverpool

Per una torta da 20 cm/8 pollici

100 g/4 once/½ tazza di burro o margarina

100 g di zucchero demerara

30 ml/2 cucchiai di sciroppo di mais dorato (leggero).

225 g/8 once/2 tazze di farina normale (per tutti gli usi).

2,5 ml/½ cucchiaino di bicarbonato di sodio (bicarbonato di sodio)

10 ml/2 cucchiaini di zenzero macinato

2 uova sbattute

225g/8oz/11/3 tazze di uva sultanina (uvetta dorata)

50g/2oz/½ tazza di zenzero cristallizzato (candito), tritato

Sciogliere il burro o la margarina con lo zucchero e lo sciroppo a fuoco basso. Togliere dal fuoco e mescolare gli ingredienti secchi e l'uovo e mescolare bene. Aggiungere l'uva sultanina e lo zenzero. Versare in una tortiera quadrata da 20 cm/8 unta e foderata e cuocere in forno preriscaldato a 150°C/300°F/gas mark 3 per 1 ora e mezza fino a quando diventa flessibile al tatto. L'impasto potrebbe affondare un po' nel mezzo. Lasciar raffreddare nello stampo.

Pan di zenzero di farina d'avena

Per una torta da 35 x 23 cm/14 x 9 pollici

225 g/8 oz/2 tazze di farina integrale (integrale)

75g/3oz/¾ tazza di farina d'avena

5 ml/1 cucchiaino di bicarbonato di sodio

5 ml/1 cucchiaino di crema tartara

15 ml/1 cucchiaio di zenzero macinato

225g/8oz/1 tazza di burro o margarina

225 g/8 once/1 tazza di zucchero di canna morbido

In una ciotola, mescolare la farina, la farina d'avena, il bicarbonato di sodio, la tartare di crema e lo zenzero. Strofinare il burro o la margarina fino a quando il composto non assomiglia al pangrattato. Aggiungi lo zucchero. Premere bene il composto in una tortiera da 35 x 23 cm/14 x 9 unta e cuocere in forno preriscaldato a 160°C/325°F/Gas Mark 3 per 30 minuti fino a doratura. Mentre è ancora caldo, tagliarlo a cubetti e metterlo nello stampo a raffreddare completamente.

> Pan di zenzero all'arancia
>
> Per una torta da 23 cm/9 pollici
>
> 450 g/1 libbra/4 tazze di farina normale (per tutti gli usi).
>
> 5 ml/1 cucchiaino di cannella in polvere
>
> 2,5 ml/½ cucchiaino di zenzero macinato
>
> 2,5 ml/½ cucchiaino di bicarbonato di sodio (bicarbonato di sodio)
>
> 175 g/6 once/2/3 tazza di burro o margarina
>
> 175 g/6 once/2/3 tazza di zucchero (molto fine).
>
> 75 g / ½ tazza di scorza d'arancia glassata (candita), tritata
>
> Scorza grattugiata e succo di ½ arancia grande
>
> 175 g/6 once/½ tazza di sciroppo dorato (mais leggero), riscaldato
>
> 2 uova, leggermente sbattute

Un po' di latte

Mescolare la farina, le spezie e il bicarbonato di sodio, quindi strofinare il burro o la margarina fino a quando il composto non assomiglia al pangrattato. Aggiungere lo zucchero, la scorza e la scorza d'arancia e fare un buco al centro. Sbattere insieme il succo d'arancia e lo sciroppo riscaldato, quindi incorporare le uova fino a ottenere una consistenza morbida e cadente, aggiungendo un po' di latte se necessario. Sbattere bene quindi versare in una tortiera quadrata unta (teglia) e cuocere in forno preriscaldato a 160°C/325°F/gas mark 3 per 1 ora fino a quando non sarà ben lievitato ed elastico al tatto.

Pan di zenzero appiccicoso

A 25 cm/10 nell'impasto

275 g/10 oz/2½ tazze di farina (per tutti gli usi)

10 ml/2 cucchiaini di cannella in polvere

5 ml/1 cucchiaino di bicarbonato di sodio

100 g/4 once/½ tazza di burro o margarina

175 g/6 once/½ tazza di sciroppo di mais dorato (leggero).

175g/6oz/½ tazza di melassa nera (melassa)

100 g/4 once/½ tazza di zucchero di canna morbido

2 uova sbattute

150 ml/¼ pt/2/3 tazza di acqua calda

Mescolare farina, cannella e bicarbonato di sodio. Sciogli il burro o la margarina con lo sciroppo, la melassa e lo zucchero e versali negli ingredienti secchi. Aggiungere le uova e l'acqua e mescolare bene. Versare in una tortiera quadrata da 25 cm/10 imburrata e foderata. Cuocere in forno preriscaldato a 180°C/350°F/Gas 4 per 40-45 minuti, finché non saranno ben lievitati ed elastici al tatto.

Pan di zenzero integrale

Fa una torta da 18 cm / 7 pollici

100 g/4 once/1 tazza di farina semplice (per tutti gli usi).

100 g / 1 tazza di farina integrale (integrale)

50 g / 2 once / ¼ di tazza di zucchero di canna morbido

50g/2oz/1/3 di tazza di uva sultanina (uvetta dorata)

10 ml/2 cucchiaini di zenzero macinato

5 ml/1 cucchiaino di cannella in polvere

5 ml/1 cucchiaino di bicarbonato di sodio

Pizzico di sale

100 g/4 once/½ tazza di burro o margarina

30 ml/2 cucchiai di sciroppo di mais dorato (leggero).

30 ml/2 cucchiai di melassa nera (melassa)

1 uovo, leggermente sbattuto

150 ml/¼ pt/2/3 tazza di latte

Mescolare gli ingredienti secchi. Sciogliere il burro o la margarina con sciroppo e melassa e mescolare con ingredienti secchi con uova e latte. Versare in una teglia (teglia) da 18 cm/7 unta e foderata e cuocere in forno preriscaldato a 160°C/325°F/gas mark 3 per 1 ora fino a renderla elastica al tatto.

Torta al miele e mandorle

Per una torta da 20 cm/8 pollici

250 g di carote, grattugiate

65 g di mandorle tritate finemente

2 uova

100g/4oz/1/3 di tazza di miele puro

60 ml/4 cucchiai di olio

150 ml/¼ pt/2/3 tazza di latte

100 g / 1 tazza di farina integrale (integrale)

25 g/1 oz/¼ di tazza di farina normale (per tutti gli usi).

10 ml/2 cucchiaini di cannella in polvere

2,5 ml/½ cucchiaino di bicarbonato di sodio (bicarbonato di sodio)

Pizzico di sale

Glassa al limone

Qualche scaglia di mandorle (tritate) per la decorazione

Mescolare carote e noci. Sbattete le uova in una ciotola a parte, quindi mescolatele con miele, olio e latte. Aggiungere le carote e le noci, quindi aggiungere gli ingredienti secchi. Versare in una teglia (teglia) da 20 cm/8 unta e foderata e cuocere in forno preriscaldato a 150°C/300°F/Gas 2 per 1-1¼ ore fino a quando non è lievitata ed elastica al tatto. Lasciare raffreddare nello stampo prima di scartare. Cospargere con glassa al limone, quindi decorare con scaglie di mandorle.

Torta al limone

Fa una torta da 18 cm / 7 pollici

100 g/4 once/½ tazza di burro o margarina, ammorbidito

100 g/4 once/½ tazza di zucchero semolato

2 uova

100 g/4 once/1 tazza di farina semplice (per tutti gli usi).

50 g/2 once/½ tazza di riso macinato

2,5 ml/½ cucchiaino di lievito per dolci

Scorza grattugiata e succo di 1 limone

100g/4oz/2/3 tazza di zucchero a velo (da pasticcere), setacciato

Sbattere il burro o la margarina con lo zucchero fino a ottenere un composto chiaro e spumoso. Incorporare le uova una alla volta, sbattendo bene dopo ogni aggiunta. Mescolare la farina, il riso macinato, il lievito e la scorza di limone, quindi aggiungere al composto. Versare in una teglia (teglia) quadrata da 18 cm/7 unta e foderata e cuocere nel forno preriscaldato a 180°C/350°F/gas mark 4 per 1 ora fino a renderla elastica al tatto. Togliere dallo stampo e lasciare raffreddare.

Mescolare lo zucchero a velo con un po' di succo di limone fino ad ottenere una consistenza uniforme. Versare sopra la torta e lasciarla raffreddare.

Anello da tè freddo

Servizio 4-6

150 ml/¼ pt/2/3 tazza di latte caldo

2,5 ml/½ cucchiaino di lievito secco

25 g/1 oz/2 cucchiai di zucchero fine (molto fine).

25 g/2 cucchiai di burro o margarina

225 g/8 oz/2 tazze di farina di grano forte (pane).

1 uovo sbattuto Per il ripieno:

50 g/2 once/¼ di tazza di burro o margarina, ammorbiditi

50g/2oz/¼ di tazza di mandorle tritate

50 g / 2 once / ¼ di tazza di zucchero di canna morbido

Per la farcitura:

100g/4oz/2/3 tazza di zucchero a velo (da pasticcere), setacciato

15 ml/1 cucchiaio di acqua tiepida

30 ml/2 cucchiai di mandorle a scaglie (tritate).

Versate il latte sopra il lievito e lo zucchero e mescolate. Lasciare in un luogo caldo fino a quando non diventa spumoso. Strofina il burro o la margarina nella farina. Mescolare il composto di lievito e l'uovo e sbattere bene. Coprire la ciotola con pellicola trasparente unta (foglio) e mettere da parte in un luogo caldo per 1 ora. Impastare ancora, quindi formare un rettangolo di circa 30 x 23 cm/12 x 9 pollici. Stendere la pasta con burro o margarina per il ripieno e cospargere con mandorle tritate e zucchero. Formare un lungo salsicciotto e formare un anello, sigillando i bordi con un po' d'acqua. Tagliare due terzi della lunghezza del panino con incrementi di circa 3 cm/1½ e adagiarli su una teglia unta (biscotti). Lasciare in un luogo caldo per 20 minuti. Cuocere in forno preriscaldato a 200°C/425°F/Gas 7 per 15 minuti.

Nel frattempo, mescolare lo zucchero a velo e l'acqua per fare la glassa. Quando è fredda, spennellare la torta e decorare con scaglie di mandorle.

Torta di lardo

Per una torta da 23 x 18 cm/9 x 7 pollici

15 g di lievito fresco o 20 ml/4 cucchiaini di lievito secco

5 ml/1 cucchiaino di zucchero fine

300 ml/½ pt/1¼ tazza di acqua calda

150 g/5 once/2/3 tazze di strutto (accorciamento)

450 g/1 lb/4 tazze di farina forte (pane).

Pizzico di sale

100 g/4 once/2/3 tazze di uva sultanina (uvetta dorata)

100g/4oz/2/3 tazza di miele puro

Mescolare il lievito con lo zucchero e un po' d'acqua tiepida e mettere da parte in un luogo caldo per 20 minuti fino a ottenere un composto spumoso.

Strofinare 25 g/1 oz/2 cucchiai di strutto nella farina e nel sale e fare un pozzo al centro. Versare la miscela di lievito e l'acqua calda rimanente e mescolare fino a quando non diventa denso. Impastare fino a che liscio ed elastico. Mettere in una ciotola unta d'olio, coprire con pellicola trasparente unta (foglio) e mettere da parte in un luogo caldo per circa 1 ora fino a raddoppiare il volume.

Tagliare a cubetti il restante lardo. Impastare nuovamente l'impasto, quindi stenderlo in un rettangolo di circa 35 x 23 cm/14 x 9 pollici. Ricoprire i due terzi superiori dell'impasto con un terzo di strutto, un terzo di uvetta e un quarto di miele. Piegare un terzo liscio dell'impasto sul ripieno, quindi piegare il terzo superiore verso il basso. Premere i bordi insieme per sigillare, quindi girare l'impasto di un quarto di giro in modo che la piega sia sul lato sinistro. Stendere e ripetere il procedimento altre due volte per esaurire tutto lo strutto e l'uva sultanina. Mettere su una teglia unta (biscotti) e segnare una croce sopra con un coltello. Coprire e mettere da parte in un luogo caldo per 40 minuti.

Cuocere in forno preriscaldato a 220°C/425°F/Gas 7 per 40 minuti. Cospargere con il miele rimanente, quindi mettere da parte a raffreddare.

Lardy torta al cumino

Per una torta da 23 x 18 cm/9 x 7 pollici

450 g/lb Impasto di pane bianco di base

175 g / 6 oz / ¾ tazza di strutto (pesante), tagliato a pezzi

175 g/6 once/¾ di tazza di zucchero (molto fine).

15 ml/1 cucchiaio di cumino

Preparare l'impasto, quindi stenderlo su una superficie leggermente infarinata in un rettangolo di circa 35 x 23 cm/14 x 9 pollici. Ricoprire i due terzi superiori dell'impasto con metà strutto e metà zucchero, quindi stendere il terzo liscio dell'impasto e ripiegare il terzo superiore verso il basso. Girare la pasta di un quarto di giro in modo che la piega sia a sinistra, quindi stendere nuovamente e cospargere allo stesso modo con lo strutto rimasto e lo zucchero e i semi di cumino. Piegare di nuovo, quindi modellare per adattare la teglia (teglia) e tagliare la parte superiore a forma di diamante. Coprire con pellicola trasparente unta (foglio) e lasciare in un luogo caldo per circa 30 minuti fino a raddoppiare le dimensioni.

Cuocere in forno preriscaldato a 200°C/400°F/Gas 6 per 1 ora. Lasciare raffreddare nella padella per 15 minuti per consentire al grasso di assorbire la torta, quindi posizionare sulla gratella per raffreddare completamente.

Torta di marmo

Per una torta da 20 cm/8 pollici

175 g/6 once/¾ tazza di burro o margarina, ammorbidito

175 g/6 once/¾ di tazza di zucchero (molto fine).

3 uova, leggermente sbattute

225 g/8 oz/2 tazze di farina autolievitante (autolievitante)

Qualche goccia di essenza di mandorla (estratto)

Qualche goccia di colorante alimentare verde

Qualche goccia di colorante alimentare rosso

Sbattere il burro o la margarina con lo zucchero fino a ottenere un composto chiaro e spumoso. A poco a poco sbattete le uova, poi aggiungete la farina. Dividete il composto in tre. Aggiungi l'essenza di mandorle a un terzo, il colorante alimentare verde a un terzo e il colorante alimentare rosso al restante terzo. Versare cucchiai colmi dei tre composti alternativamente in una tortiera da 20 cm/8 imburrata e foderata e cuocere in forno preriscaldato a 180°C/350°F/gas mark 4 per 45 minuti fino a quando non sarà ben lievitato e elastico al tatto.

Torta a strati del Lincolnshire

Per una torta da 20 cm/8 pollici

175 g/6 once/¾ di tazza di burro o margarina

350g/12oz/3 tazze di farina (per tutti gli usi)

Pizzico di sale

150 ml/¼ pt/2/3 tazza di latte

15 ml/1 cucchiaio di lievito secco Per il ripieno:

225g/8oz/11/3 tazze di uva sultanina (uvetta dorata)

225 g/8 once/1 tazza di zucchero di canna morbido

25 g/2 cucchiai di burro o margarina

2,5 ml/½ cucchiaino di pimento macinato

1 uovo, separato

Strofina metà del burro o della margarina nella farina e nel sale finché il composto non assomiglia al pangrattato. Riscaldare il burro o la margarina rimanenti con il latte fino a quando non è caldo tra le mani, quindi mescolare un po 'in una pasta con il lievito. Mescolare il composto di lievito e il restante latte e burro con la farina e impastare una pasta morbida. Mettere in una ciotola unta d'olio, coprire e mettere da parte in un luogo caldo per circa 1 ora fino al raddoppio. Nel frattempo, mettete tutti gli ingredienti del ripieno tranne l'albume in una padella a fuoco basso e fatelo sciogliere.

Stendere un quarto della pasta di 20 cm/8 a cerchio e spalmarvi sopra un terzo del ripieno. Ripetere con le restanti quantità di pasta e ripieno, sopra con un disco di pasta. Spennellare i bordi con l'albume e sigillare insieme. Cuocere in forno preriscaldato a 190°C/375°F/Gas 5 per 20 minuti. Spennellare la parte superiore con l'albume, quindi mettere in forno per altri 30 minuti o fino a doratura.

una pagnotta

Per una torta da 900g/2lb

175 g/6 once/¾ tazza di burro o margarina, ammorbidito

275g/10oz/1¼ tazze di zucchero fine

Scorza grattugiata e succo di ½ limone

120ml/4oz/½ tazza di latte

275 g/10 oz/2¼ tazze di farina autolievitante (autolievitante).

5 ml/1 cucchiaino di sale

5 ml/1 cucchiaino di lievito in polvere

3 uova

Zucchero a velo (da pasticcere), setacciato, per spolverare

Sbattere il burro o la margarina, lo zucchero e la scorza di limone fino a ottenere un composto leggero e spumoso. Aggiungere il succo di limone e il latte, quindi unire la farina, il sale e il lievito e mescolare fino a che liscio. Aggiungere gradualmente le uova, sbattendo bene dopo ogni aggiunta. Versare il composto in una teglia (casseruola) unta e foderata da 900 g/2 lb e cuocere nel forno preriscaldato a 150°F/300°F/Gas 2 per 1¼ ore fino a quando diventa flessibile al tatto. Lasciare raffreddare nello stampo per 10 minuti prima di servire per completare il raffreddamento sulla griglia. Servire cosparso di zucchero a velo.

Torta alla marmellata

Fa una torta da 18 cm / 7 pollici

175 g/6 once/¾ tazza di burro o margarina, ammorbidito

175 g/6 once/¾ di tazza di zucchero (molto fine).

3 uova, separate

300 g/10 oz/2½ tazze di farina autolievitante

45 ml/3 cucchiai di marmellata densa

50g/2oz/1/3 di tazza di buccia mista tritata (candita).

Scorza grattugiata di 1 arancia

45 ml/3 cucchiai d'acqua

                    Per la glassa (glassa):
100g/4oz/2/3 tazza di zucchero a velo (da pasticcere), setacciato

Succo di 1 arancia

Qualche fetta di arancia candita

Sbattere il burro o la margarina con lo zucchero fino a ottenere un composto chiaro e spumoso. Sbattere gradualmente i tuorli d'uovo, poi 15 ml/1 cucchiaio di farina. Aggiungere la marmellata, la scorza mista, la scorza d'arancia e l'acqua, quindi aggiungere la farina rimanente. Montare a neve ferma gli albumi, quindi unirli al composto con un cucchiaio di metallo. Versare in una teglia (teglia) da 18 cm/7 unta e foderata e cuocere in forno preriscaldato a 180°C/350°F/gas mark 4 per 1¼ ore fino a quando non è lievitata ed elastica al tatto. Lasciare raffreddare nello stampo per 5 minuti, quindi posizionare sulla griglia per completare il raffreddamento.

Per preparare la glassa, mettete lo zucchero a velo in una ciotola e fate un buco al centro. Aggiungere gradualmente abbastanza succo d'arancia per ottenere una consistenza spalmabile. Versare un cucchiaio sopra la torta e sui lati e mettere da parte per solidificare. Guarnire con fettine di arancia candita.

Torta di semi di papavero

Per una torta da 20 cm/8 pollici

250ml/8oz/1 tazza di latte

100 g/4 once/1 tazza di semi di papavero

225 g/8 once/1 tazza di burro o margarina, ammorbidito

225 g/8 once/1 tazza di zucchero di canna morbido

3 uova, separate

100 g/4 once/1 tazza di farina semplice (per tutti gli usi).

100 g / 1 tazza di farina integrale (integrale)

5 ml/1 cucchiaino di lievito in polvere

In un pentolino con i semi di papavero, far bollire il latte, togliere dal fuoco, coprire e mettere da parte per 30 minuti. Sbattere il burro o la margarina con lo zucchero fino a ottenere un composto chiaro e spumoso. A poco a poco sbattete i tuorli, poi aggiungete la farina e il lievito. Aggiungere i semi di papavero e il latte. Montare a neve ferma gli albumi, quindi unirli al composto con un cucchiaio di metallo. Versare in una teglia (teglia) da 20 cm/8 unta e foderata e cuocere in forno preriscaldato a 180°C/350°F/gas mark 4 per 1 ora, fino a quando uno spiedino inserito al centro risulta pulito. Lasciare raffreddare nello stampo per 10 minuti prima di servire per completare il raffreddamento sulla griglia.

Torta semplice allo yogurt

Per una torta da 23 cm/9 pollici

Yogurt naturale da 150 g / 5 once

150 ml/¼ pt/2/3 tazza di olio

225 g/8 oz/1 tazza di zucchero fine

225 g/8 oz/2 tazze di farina autolievitante (autolievitante)

10 ml/2 cucchiaini di lievito per dolci

2 uova sbattute

Mescolare tutti gli ingredienti fino a ottenere un composto omogeneo, quindi versare in una tortiera da 23 cm/9 unta e foderata. Cuocere in forno preriscaldato a 160°C/325°F/gas mark 3 per 1¼ ore fino a quando non diventa elastico al tatto. Lasciar raffreddare nello stampo.

Torta di prugne e crema pasticcera

Per una torta da 23 cm/9 pollici

Per il ripieno:

150 g/5 once/2/3 tazza di prugne snocciolate (snocciolate), tritate grossolanamente

120ml/4oz/½ tazza di succo d'arancia

50 g/2 once/¼ di tazza di zucchero semolato

30 ml/2 cucchiai di farina di mais (farina di mais)

175ml/6oz/¾ tazza di latte

2 tuorli

scorza finemente grattugiata di 1 arancia

Sulla torta:

175 g/6 once/¾ tazza di burro o margarina, ammorbidito

225 g/8 oz/1 tazza di zucchero fine

3 uova, leggermente sbattute

200 g/7 oz/1¾ tazza di farina (per tutti gli usi)

10 ml/2 cucchiaini di lievito per dolci

2,5 ml/½ cucchiaino di noce moscata grattugiata

75 ml/5 cucchiai di succo d'arancia

Per prima cosa, prepara il ripieno. Mettere a bagno le prugne nel succo d'arancia per almeno due ore.

Mescolare lo zucchero e la farina di mais in una pasta con un po' di latte. Bollire il latte rimanente in una casseruola. Versare lo zucchero e la farina di mais e mescolare bene, quindi tornare nella padella sciacquata e sbattere i tuorli. Aggiungere la scorza d'arancia e mescolare a fuoco molto basso fino a quando non si addensa, ma non far bollire la crema pasticcera. Metti la padella in una ciotola di acqua fredda e mescola il budino di tanto in tanto mentre si raffredda.

Per preparare l'impasto, sbattere il burro o la margarina con lo zucchero fino a ottenere un composto chiaro e spumoso. A poco a poco sbattere le uova, quindi aggiungere alternativamente la farina, il lievito e la noce moscata con il succo d'arancia. Versare metà dell'impasto in una teglia quadrata da 23 cm/9 imburrata, quindi stendere sopra il budino, lasciando uno spazio attorno al bordo. Ricoprire con la crema pasticcera di prugne e il succo ammollato, quindi ricoprire con il restante impasto della torta, assicurandosi che la torta sia sigillata nel ripieno sui lati e che il ripieno sia completamente coperto. Cuocere in forno preriscaldato a 200°C/400°F/Gas 6 per 35 minuti, fino a doratura e scomparire dai lati della padella. Lasciare raffreddare nello stampo prima di scartare.

Torta di lamponi con glassa al cioccolato

Per una torta da 20 cm/8 pollici

175 g/6 once/¾ tazza di burro o margarina, ammorbidito

175 g/6 once/¾ di tazza di zucchero (molto fine).

3 uova, leggermente sbattute

225 g/8 oz/2 tazze di farina autolievitante (autolievitante)

100 g di lamponi Per guarnire e decorare:

Cioccolato bianco e burro in polvere

100g/4oz/1 tazza di cioccolato fondente (semidolce).

Sbattere il burro o la margarina con lo zucchero fino a ottenere un composto chiaro e spumoso. A poco a poco sbattete le uova, poi aggiungete la farina. Frullate i lamponi, quindi passateli al setaccio per eliminare i semi. Mescolare la purea nell'impasto in modo che scorra attraverso l'impasto e non si mescoli. Versare in una teglia (padella) unta e foderata da 20 cm e cuocere in forno preriscaldato a 180°C/350°F/gas mark 4 per 45 minuti, fino a quando non sarà ben lievitata ed elastica al tatto. Trasferire su una gratella per raffreddare.

Spennellate la pasta frolla con il burro e schiacciatela con una forchetta. Sciogliere il cioccolato in una ciotola resistente al calore posta sopra una pentola di acqua bollente. Stendere su una teglia (biscotti) e lasciare quasi solidificare. Raschiare la superficie piatta con un coltello affilato sopra il cioccolato per formare dei riccioli. Utilizzare per decorare la parte superiore della torta.

Torta di sabbia

Per una torta da 20 cm/8 pollici

75 g/1/3 di tazza di burro o margarina, ammorbiditi

75g/3oz/1/3 di tazza (molto fine) di zucchero

2 uova, leggermente sbattute

100 g / 4 once / 1 tazza di farina di mais (farina di mais)

25 g/1 oz/¼ di tazza di farina normale (per tutti gli usi).

5 ml/1 cucchiaino di lievito in polvere

50 g/2 once/½ tazza di noci miste tritate

Sbattere il burro o la margarina con lo zucchero fino a ottenere un composto chiaro e spumoso. A poco a poco sbattete le uova, poi aggiungete la farina di mais, la farina e il lievito. Versare il composto in una teglia quadrata da 20 cm/8 in unta (padella) e cospargere con le noci tritate. Cuocere in forno preriscaldato a 180°C/350°F/Gas 4 per 1 ora, finché non diventa elastico al tatto.

Torta di cereali

Fa una torta da 18 cm / 7 pollici

100 g/4 once/½ tazza di burro o margarina, ammorbidito

100 g/4 once/½ tazza di zucchero semolato

2 uova, leggermente sbattute

225 g/8 once/2 tazze di farina normale (per tutti gli usi).

25 g/1 oz/¼ di tazza di cumino

5 ml/1 cucchiaino di lievito in polvere

Pizzico di sale

45 ml/3 cucchiai di latte

Sbattere il burro o la margarina con lo zucchero fino a ottenere un composto chiaro e spumoso. Sbattere le uova gradualmente, aggiungere la farina, il cumino, il lievito e il sale. Mescolare abbastanza latte per ottenere la consistenza delle gocce. Versare in una tortiera da 18 cm/7 unta e foderata e cuocere in forno preriscaldato a 200°C/400°F/Gas 6 per 1 ora fino a quando diventa elastica al tatto e inizia a restringersi sui lati.

Ciambellone speziato

Fa un anello da 23 cm/9 pollici

1 mela, sbucciata, privata del torsolo e grattugiata

30 ml/2 cucchiai di succo di limone

25 g/8 once/1 tazza di zucchero di canna morbido

5 ml/1 cucchiaino di zenzero macinato

5 ml/1 cucchiaino di cannella in polvere

2,5 ml/½ cucchiaino di mix di spezie macinate (torta di mele)

Sciroppo di mais dorato (leggero) da 225 g/8 once/2/3 tazze

Olio da 250 ml/8 once/1 tazza

10 ml/2 cucchiaini di lievito per dolci

400 g/14 oz/3½ tazze di farina (per tutti gli usi)

10 ml/2 cucchiaini di bicarbonato di sodio

250 ml/8 fl oz/1 tazza di tè forte caldo

1 uovo sbattuto

Zucchero a velo (da pasticcere), setacciato, per spolverare

Mescolare succo di mela e limone. Aggiungere lo zucchero e le spezie, poi lo sciroppo e l'olio. Aggiungi il lievito alla farina e il bicarbonato di sodio al tè caldo. Mescolarli alternativamente con il composto, quindi incorporare l'uovo. Mettere un cucchiaio in una tortiera profonda 23 cm/9 imburrata e foderata e cuocere in forno preriscaldato a 180°C/350°F/gas mark 4 per 1 ora fino a quando diventa elastico al tatto. Lasciare raffreddare nello stampo per 10 minuti, quindi posizionare sulla griglia per completare il raffreddamento. Servire cosparso di zucchero a velo.

Torta a strati speziata

Per una torta da 23 cm/9 pollici

100 g/4 once/½ tazza di burro o margarina, ammorbidito

100 g/4 once/½ tazza di zucchero a velo

100 g/4 once/½ tazza di zucchero di canna morbido

2 uova sbattute

175 g/6 once/1½ tazza di farina normale (per tutti gli usi).

5 ml/1 cucchiaino di lievito in polvere

5 ml/1 cucchiaino di cannella in polvere

2,5 ml/½ cucchiaino di bicarbonato di sodio (bicarbonato di sodio)

2,5 ml/½ cucchiaino di mix di spezie macinate (torta di mele)

Pizzico di sale

200 ml/7 fl oz/piccolo 1 tazza di latte condensato in scatola

Crema con burro al limone

Sbattere il burro o la margarina e gli zuccheri fino a ottenere un composto leggero e spumoso. Sbattere gradualmente le uova, quindi aggiungere gli ingredienti secchi e il latte evaporato e mescolare fino a che liscio. Versare in due teglie da 23 cm/9 unte e rivestite e cuocere in forno preriscaldato a 180°C/350°F/gas mark 4 per 30 minuti fino a quando non diventano elastiche al tatto. Lasciare raffreddare, quindi condire il panino con la guarnizione di burro al limone.

Torta di zucchero e cannella

Per una torta da 23 cm/9 pollici

175 g/6 once/1½ tazza di farina autolievitante

10 ml/2 cucchiaini di lievito per dolci

Pizzico di sale

175 g/6 once/¾ di tazza di zucchero (molto fine).

50 g di burro fuso o margarina

1 uovo, leggermente sbattuto

120ml/4oz/½ tazza di latte

2,5 ml/½ cucchiaino di essenza di vaniglia (estratto)

Per la farcitura:

50 g di burro fuso o margarina

50 g / 2 once / ¼ di tazza di zucchero di canna morbido

2,5 ml/½ cucchiaino di cannella in polvere

Sbattere tutti gli ingredienti dell'impasto fino a che liscio e ben miscelato. Versare in uno stampo per dolci da 23 cm/9 in unto (teglia) e cuocere in forno preriscaldato a 180°C/350°F/gas mark 4 per 25 minuti fino a doratura. Ungere l'impasto caldo con il burro. Mescolare lo zucchero e la cannella e cospargere sopra. Metti la torta in forno per altri 5 minuti.

Torta da tè vittoriana

Per una torta da 20 cm/8 pollici

225 g/8 once/1 tazza di burro o margarina, ammorbidito

225 g/8 oz/1 tazza di zucchero fine

225 g/8 oz/2 tazze di farina autolievitante (autolievitante)

25 g / 1 oz / ¼ di tazza di farina di mais (farina di mais)

30 ml/2 cucchiai di cumino

5 uova, separate

Zucchero semolato per spolverare

Sbattere il burro o la margarina con lo zucchero fino a ottenere un composto chiaro e spumoso. Aggiungere la farina, la farina di mais e il cumino. Sbattere i tuorli, quindi unirli al composto. Montare a neve ferma gli albumi, quindi unirli delicatamente al composto con un cucchiaio di metallo. Mettere un cucchiaio in una teglia imburrata e foderata di 20 cm/8 in una teglia a cerniera (teglia) e cospargere di zucchero. Cuocere in forno preriscaldato a 180°C/350°F/gas mark 4 per 1 ora e mezza, fino a doratura e iniziare a restringersi dai lati della teglia.

Torta alla frutta tutto in uno

Per una torta da 20 cm/8 pollici

175 g/6 once/¾ tazza di burro o margarina, ammorbidito

175 g/6 once/¾ di tazza di zucchero di canna morbido

3 uova

15 ml/1 cucchiaio di sciroppo di mais dorato (leggero).

100 g di ciliegie ghiacciate (candite)

100 g/4 once/2/3 tazze di uva sultanina (uvetta dorata)

100 g/4 once/2/3 tazze di uvetta

225 g/8 oz/2 tazze di farina autolievitante (autolievitante)

10 ml/2 cucchiaini di mix di spezie macinate (torta di mele)

Metti tutti gli ingredienti in una ciotola e sbatti insieme fino a quando non saranno ben combinati, oppure frulla in un robot da cucina. Versare in una teglia (teglia) da 20 cm/8 unta e foderata e cuocere in forno preriscaldato a 160°C/325°F/gas mark 3 per 1 ora e mezza fino a quando uno stecchino inserito al centro risulta pulito. Lasciare nello stampo per 5 minuti, quindi posizionare sulla griglia per completare il raffreddamento.

Torta alla frutta in padella tutto in uno

Per una torta da 20 cm/8 pollici

350 g/12 oz/2 tazze di miscele di frutta secca (miscela per torta di frutta)

100 g/4 once/½ tazza di burro o margarina

100 g/4 once/½ tazza di zucchero di canna morbido

150 ml/¼ pt/2/3 tazze d'acqua

2 uova grandi, sbattute

225 g/8 oz/2 tazze di farina autolievitante (autolievitante)

5 ml/1 cucchiaino di mix di spezie macinate (torta di mele)

Mettete in una casseruola la frutta, il burro o la margarina, lo zucchero e l'acqua, portate a ebollizione, quindi fate cuocere a fuoco basso per 15 minuti. Lasciar raffreddare. Mescolare i cucchiai di uova alternativamente con la miscela di farina e spezie e mescolare bene. Versare in una teglia (teglia) a cerniera da 20 cm/8" unta e cuocere in forno preriscaldato a 140°C/275°F/gas mark 1 per 1-1½ ore fino a quando lo spiedo al centro non risulta pulito.

Torta di frutta australiana

Per una torta da 900g/2lb

100 g/4 once/½ tazza di burro o margarina

225 g/8 once/1 tazza di zucchero di canna morbido

250ml/8oz/1 tazza di acqua

350 g/12 oz/2 tazze di miscele di frutta secca (miscela per torta di frutta)

5 ml/1 cucchiaino di bicarbonato di sodio

10 ml/2 cucchiaini di mix di spezie macinate (torta di mele)

5 ml/1 cucchiaino di zenzero macinato

100 g/4 oz/1 tazza di farina autolievitante (autolievitante)

100 g/4 once/1 tazza di farina semplice (per tutti gli usi).

1 uovo sbattuto

Bollire tutti gli ingredienti tranne la farina e l'uovo in una padella. Togliere dal fuoco e lasciare raffreddare. Incorporare la farina e l'uovo. Mettere il composto in una teglia (teglia) da 900 g/2 lb unta e foderata e cuocere in forno preriscaldato a 160°C/325°F/gas mark 3 per 1 ora fino a quando non è ben lievitato e appare nello spiedino centrale. pulito.

Torta ricca americana

A 25 cm/10 nell'impasto
225g/8oz/11/3 tazze di ribes

100 g / 1 tazza di mandorle pelate

15 ml/1 cucchiaio di acqua di fiori d'arancio

45 ml/3 cucchiai di sherry secco

1 tuorlo grande

2 uova

350g/12oz/1½ tazza di burro o margarina, ammorbidito

175 g/6 once/¾ di tazza di zucchero (molto fine).

Un pizzico di mazza di terra

Un pizzico di cannella in polvere

Un pizzico di chiodi di garofano macinati

Un pizzico di zenzero macinato

Un pizzico di noce moscata grattugiata

30 ml/2 cucchiai di brandy

225 g/8 once/2 tazze di farina normale (per tutti gli usi).

50 g di buccia mista tritata (candita).

Immergere i ribes in acqua calda per 15 minuti, quindi scolarli bene. Macina le mandorle con acqua di fiori d'arancio e 15 ml/1 cucchiaio di sherry fino a ottenere un composto fine. Sbattere il tuorlo e le uova. Montare a crema il burro o la margarina con lo zucchero, quindi incorporare il composto di mandorle e uova e sbattere fino a ottenere un composto bianco e denso. Aggiungere le spezie, il resto dello sherry e il brandy. Incorporare la farina, quindi incorporare il ribes e la scorza frullata. Versare in una teglia a cerniera da 25 cm/10" unta e cuocere in forno preriscaldato a

180°C/350°F/Gas 4 per circa 1 ora, fino a quando uno stecchino inserito al centro risulta pulito.

Torta di frutta alla carruba

Fa una torta da 18 cm / 7 pollici

450 g/lb/22/3 tazze di uvetta

300 ml/½ pt/1¼ di tazza di succo d'arancia

175 g/6 once/¾ tazza di burro o margarina, ammorbidito

3 uova, leggermente sbattute

225 g/8 once/2 tazze di farina normale (per tutti gli usi).

75g/3oz/¾ tazza di carruba in polvere

10 ml/2 cucchiaini di lievito per dolci

Scorza grattugiata di 2 arance

50 g/2 once/½ tazza di noci, tritate

Immergere l'uvetta nel succo d'arancia durante la notte. Mescolare il burro o la margarina e le uova fino a che liscio. Aggiungere gradualmente l'uvetta e il succo d'arancia e il resto degli ingredienti. Versare in uno stampo da torta (teglia) da 18 cm/7 unto e foderato e cuocere in forno preriscaldato a 180°C/350°F/gas mark 4 per 30 minuti, quindi ridurre la temperatura del forno a 160°C/325°F/ gas mark 3 per altre 1¼ ore fino a quando uno spiedino inserito al centro risulta pulito. Lasciare raffreddare nello stampo per 10 minuti, quindi posizionare sulla griglia per completare il raffreddamento.

Torta di frutta al caffè

A 25 cm/10 nell'impasto

450 g/1 lb/2 tazze di zucchero semolato

450 g/2 tazze di datteri snocciolati (senza semi), tritati

450 g/lb/22/3 tazze di uvetta

450 g/lb/22/3 tazze di uva sultanina (uvetta dorata)

100 g di ciliegie ghiacciate (candite), tritate

100 g/4 once/1 tazza di noci miste tritate

450 ml/¾pt/2 tazze di caffè nero forte

120ml/4oz/½ tazza di olio

Sciroppo di mais dorato (leggero) da 100 g/4 once/1/3 di tazza

10 ml/2 cucchiaini di cannella in polvere

5 ml/1 cucchiaino di noce moscata grattugiata

Pizzico di sale

10 ml/2 cucchiaini di bicarbonato di sodio

15 ml/1 cucchiaio di acqua

2 uova, leggermente sbattute

450 g/1 libbra/4 tazze di farina normale (per tutti gli usi).

120ml/4oz/½ tazza di sherry o brandy

In una padella dal fondo pesante, portare a ebollizione tutti gli ingredienti tranne il bicarbonato di sodio, l'acqua, le uova, la farina e lo sherry o il brandy. Cuocere per 5 minuti, mescolando continuamente, quindi togliere dal fuoco e lasciare raffreddare.

Mescolare il bicarbonato di sodio con acqua e aggiungere al composto di frutta con uova e farina. Versare in una teglia unta e foderata di 25 cm/10 in una teglia a cerniera (teglia) e legare un doppio strato di carta da forno (cerata) all'esterno per sporgere dalla parte superiore della teglia. Cuocere in forno preriscaldato a 160°C/325°F/Gas 3 per 1 ora. Ridurre la temperatura del forno a 150°C/300°F/Gas 2 e cuocere per un'altra ora. Ridurre la temperatura del forno a 140°C/275°F/gas mark 1 e cuocere per una terza ora. Ridurre nuovamente la temperatura del forno a 120°C/250°F/1/2 gas mark e cuocere per l'ultima ora, coprendo la parte superiore della torta con carta da forno (oleata) se inizia a dorare troppo. A cottura ultimata uno stecchino inserito al centro uscirà pulito e l'impasto comincerà a ritirarsi dalle pareti della teglia.

Pasta pesante della Cornovaglia

Per una torta da 900g/2lb

350g/12oz/3 tazze di farina (per tutti gli usi)

2,5 ml/½ cucchiaino di sale

175 g / 6 oz / ¾ tazza di strutto (accorciamento)

75g/3oz/1/3 di tazza (molto fine) di zucchero

175 g/6 once/1 tazza di ribes

Un po' di scorza mista tritata (candita) (opzionale)

Circa 150 ml/¼ pt/2/3 tazze di latte misto e acqua

1 uovo sbattuto

Mettete la farina e il sale in una ciotola, quindi impastate nello strutto fino a quando il composto non assomigli al pangrattato. Aggiungere il resto degli ingredienti secchi. Aggiungere gradualmente latte e acqua quanto basta per rendere l'impasto sodo. Non ci vorrà molto. Stendere su una teglia unta (biscotti) a circa 1 cm/½ di spessore. Glassare con l'uovo sbattuto. Disegna una croce in alto con la punta del coltello. Cuocere in forno preriscaldato a 160°C/325°F/Gas 3 per circa 20 minuti fino a doratura. Lasciar raffreddare e poi tagliare a quadretti.

Torta di ribes

Per una torta da 23 cm/9 pollici

225g/8oz/1 tazza di burro o margarina

300 g/11 once/1½ tazza di zucchero fine

Pizzico di sale

100ml/3½oz/6½ cucchiai di acqua bollente

3 uova

400 g/14 oz/3½ tazze di farina (per tutti gli usi)

175 g/6 once/1 tazza di ribes

50 g di buccia mista tritata (candita).

100 ml/3½ once/6½ cucchiai di acqua fredda

15 ml/1 cucchiaio di lievito in polvere

Metti il burro o la margarina, lo zucchero e il sale in una ciotola, versa acqua bollente e metti da parte finché non si ammorbidisce. Sbattere velocemente fino a ottenere un composto leggero e cremoso. Aggiungere gradualmente le uova, quindi mescolare alternativamente la farina, l'uva passa e la scorza con acqua fredda. Aggiungi il lievito. Trasferire l'impasto in una tortiera da 23 cm/9 unta e cuocere in forno preriscaldato a 180°C/350°F/gas mark 4 per 30 minuti. Ridurre la temperatura del forno a 150°C/300°F/gas mark 2 e cuocere per altri 40 minuti, fino a quando uno stecchino inserito al centro risulta pulito. Lasciare raffreddare nello stampo per 10 minuti prima di servire per completare il raffreddamento sulla griglia.

Torta di frutta scura

A 25 cm/10 nell'impasto

225 g/8 oz/1 tazza di frutta mista tritata glassata (candita)

350 g/12 oz/2 tazze di datteri snocciolati (snocciolati), tritati

225g/8oz/11/3 tazze di uvetta

225 g/8 once/1 tazza di ciliegie glassate (candite), tritate

100 g di ananas glassato (candito), tritato

100 g/4 once/1 tazza di noci miste tritate

225 g/8 once/2 tazze di farina normale (per tutti gli usi).

5 ml/1 cucchiaino di bicarbonato di sodio

5 ml/1 cucchiaino di cannella in polvere

2,5 ml/½ cucchiaino di pimento

1,5 ml/¼ di cucchiaino di chiodi di garofano macinati

1,5 ml/¼ di cucchiaino di sale

225g/8oz/1 tazza di strutto (si accorcia)

225 g/8 once/1 tazza di zucchero di canna morbido

3 uova

175g/6oz/½ tazza di melassa nera (melassa)

2,5 ml/½ cucchiaino di essenza di vaniglia (estratto)

120 ml/4 once/½ tazza di latticello

Mescolare frutta e noci. Mescolare farina, bicarbonato di sodio, spezie e sale e mescolare 50 g/2 oz/½ tazza con la frutta. Sbattere lo strutto e lo zucchero fino a ottenere un composto chiaro e spumoso. Aggiungere gradualmente le uova, sbattendo bene dopo ogni aggiunta. Aggiungere la melassa e l'essenza di vaniglia.

Aggiungere il latticello alternativamente con la farina rimanente e sbattere fino a che liscio. Aggiungi la frutta. Versare in una teglia (teglia) da 25 cm/10 unta e foderata e cuocere in forno preriscaldato a 140°C/275°F/gas mark 1 per 2 ore e mezza fino a quando uno stecchino inserito al centro risulta pulito. Lasciare raffreddare nello stampo per 10 minuti, quindi posizionare sulla griglia per completare il raffreddamento.

Pasta tagliata e restituita

Per una torta da 20 cm/8 pollici

275 g/10 oz/12/3 tazze di miscele di frutta secca (miscela per torta di frutta)

100 g/4 once/½ tazza di burro o margarina

150 ml/¼ pt/2/3 tazze d'acqua

1 uovo sbattuto

225 g/8 once/2 tazze di farina normale (per tutti gli usi).

Pizzico di sale

100 g/4 once/½ tazza di zucchero semolato

Mettere la frutta, il burro o la margarina e l'acqua nella padella e cuocere per 20 minuti. Lasciar raffreddare. Aggiungere l'uovo, quindi incorporare gradualmente la farina, il sale e lo zucchero. Versare in una teglia (padella) unta di 20 cm di diametro e cuocere in forno preriscaldato a 160°C/325°F/gas mark 3 per 1¼ ore fino a quando uno stecchino inserito al centro risulta pulito.

Torta Dundee

Per una torta da 20 cm/8 pollici

225 g/8 once/1 tazza di burro o margarina, ammorbidito

225 g/8 oz/1 tazza di zucchero fine

4 uova grandi

225 g/8 once/2 tazze di farina normale (per tutti gli usi).

Pizzico di sale

350g/12oz/2 tazze di ribes

350 g/12 once/2 tazze di uva sultanina (uvetta dorata)

175 g/6 oz/1 tazza di buccia mista tritata (candita).

100 g/1 tazza di ciliegie (candite), tagliate in quarti

Scorza grattugiata di ½ limone

50 g di mandorle intere, sbollentate

Sbattere il burro con lo zucchero fino a ottenere un composto chiaro e brillante. Aggiungere le uova una alla volta, sbattendo bene tra ogni aggiunta. Aggiungere la farina e il sale. Unire la frutta e la scorza di limone. Tagliate metà delle mandorle e aggiungetele al composto. Versare in una teglia a cerniera da 20 cm/8 unta e foderata e legare intorno alla teglia con carta marrone in modo che sia circa 5 cm/2 più alta della teglia. Dividi le mandorle riservate e disponile in cerchi concentrici sopra l'impasto. Cuocere in forno preriscaldato a 150°C/300°F/Gas 2 per 3 ore e mezza, finché lo spiedino centrale non esce pulito. Controllare dopo 2 ore e mezza e se la torta inizia a dorare troppo sopra, coprire con carta da forno umida (cerata) e ridurre la temperatura del forno a 140°C/275°F/gas mark 1 per l'ultima ora di cottura.

Torta di frutta senza uova per la notte

Per una torta da 20 cm/8 pollici

50 g di burro o margarina

225 g/8 oz/2 tazze di farina autolievitante (autolievitante)

5 ml/1 cucchiaino di bicarbonato di sodio

5 ml/1 cucchiaino di noce moscata grattugiata

5 ml/1 cucchiaino di mix di spezie macinate (torta di mele)

Pizzico di sale

225g/8oz/11/3 tazza di miscele di frutta secca (miscela per torta di frutta)

100 g/4 once/½ tazza di zucchero di canna morbido

250ml/8oz/1 tazza di latte

Strofina il burro o la margarina nella farina, nel bicarbonato di sodio, nelle spezie e nel sale finché il composto non assomiglia al pangrattato. Mescolare la frutta e lo zucchero, quindi aggiungere il latte fino a quando tutti gli ingredienti non saranno ben amalgamati. Coprire e lasciare durante la notte.

Versare il composto in una tortiera da 20 cm/8 unta e foderata e cuocere in forno preriscaldato a 180°C/350°F/gas mark 4 per 1¾ ore fino a quando uno stecchino inserito al centro risulta pulito.

Torta di frutta affidabile

Per una torta da 23 cm/9 pollici

225g/8oz/1 tazza di burro o margarina

200g/7oz/piccola 1 tazza di zucchero fine

175 g/6 once/1 tazza di ribes

175 g/6 once/1 tazza di uva sultanina (uvetta dorata)

50 g di buccia mista tritata (candita).

75 g di datteri snocciolati tritati

5 ml/1 cucchiaino di bicarbonato di sodio

200 ml/7 fl oz/piccola 1 tazza di acqua

75 g di ciliegie glassate (candite), tritate

100 g/4 once/1 tazza di noci miste tritate

60 ml/4 cucchiai di brandy o sherry

300 g/11 oz/2¾ tazze di farina (per tutti gli usi)

5 ml/1 cucchiaino di lievito in polvere

Pizzico di sale

2 uova, leggermente sbattute

Sciogliere il burro o la margarina, quindi unire lo zucchero, il ribes, l'uva sultanina, la scorza mista ei datteri. Mescolare il bicarbonato di sodio con una piccola quantità di acqua e mescolarlo con il composto di frutta con l'acqua rimanente. Portare a ebollizione, quindi cuocere a fuoco basso per 20 minuti, mescolando di tanto in tanto. Coprire e mettere da parte durante la notte.

Imburrare e rivestire una teglia a cerniera da 23 cm/9 pollici e legare un doppio strato di carta da forno (oleata) o carta marrone sopra la teglia. Mescolare le ciliegie, le noci e il brandy o lo sherry nel composto, quindi aggiungere la farina, il lievito e il sale.

Aggiungi le uova. Versare nella tortiera preparata e cuocere in forno preriscaldato a 160°C/325°F/Gas 3 per 1 ora. Ridurre la temperatura del forno a 140°C/275°F/gas mark 1 e cuocere per un'altra ora. Ridurre nuovamente la temperatura del forno a 120°C/250°F/1/2 gas mark e cuocere per un'altra ora finché lo spiedino centrale non esce pulito. A fine cottura, se risulta dorata, ricoprire la parte superiore della torta con un disco di carta da forno o carta marrone. Lasciar raffreddare nello stampo per 30 minuti,

Torta allo zenzero

Fa una torta da 18 cm / 7 pollici

100 g/4 once/½ tazza di burro o margarina, ammorbidito

100 g/4 once/½ tazza di zucchero semolato

2 uova, leggermente sbattute

30 ml/2 cucchiai di latte

225 g/8 oz/2 tazze di farina autolievitante (autolievitante)

5 ml/1 cucchiaino di lievito in polvere

10 ml/2 cucchiaini di mix di spezie macinate (torta di mele)

5 ml/1 cucchiaino di zenzero macinato

100 g/4 once/2/3 tazze di uvetta

100 g/4 once/2/3 tazze di uva sultanina (uvetta dorata)

Sbattere il burro o la margarina con lo zucchero fino a ottenere un composto chiaro e spumoso. Mescolare gradualmente le uova e il latte, quindi aggiungere la farina, il lievito e le spezie, poi la frutta. Versare il composto in una teglia a cerniera da 18 cm/7 unta e foderata e cuocere nel forno preriscaldato a 160°C/325°F/gas mark 3 per 1 ora e ¼ fino a quando non sarà ben lievitato e dorato.

Torta di frutta al miele

Per una torta da 20 cm/8 pollici

175 g/6 once/2/3 tazza di burro o margarina, ammorbidito

175 g/6 once/½ tazza di miele chiaro

Scorza grattugiata di 1 limone

3 uova, leggermente sbattute

225 g/8 oz/2 tazze di farina integrale (integrale)

10 ml/2 cucchiaini di lievito per dolci

5 ml/1 cucchiaino di mix di spezie macinate (torta di mele)

100 g/4 once/2/3 tazze di uvetta

100 g/4 once/2/3 tazze di uva sultanina (uvetta dorata)

100 g/4 once/2/3 tazze di ribes

50 g/1/3 di tazza di albicocche secche pronte al consumo, tritate

50g/2oz/1/3 di tazza di buccia mista tritata (candita).

25g/1oz/¼ di tazza di mandorle tritate

25 g / 1 oz / ¼ di tazza di mandorle

Sbattere il burro o la margarina, il miele e la scorza di limone fino a ottenere un composto chiaro e spumoso. Aggiungere gradualmente le uova, quindi aggiungere la farina, il lievito e il mix di spezie. Aggiungere la frutta e le mandorle tritate. Mettere un cucchiaio in una teglia unta e foderata di 20 cm/8 in una teglia (padella) e fare una piccola rientranza al centro. Disporre le mandorle attorno al bordo superiore della torta. Cuocere in forno preriscaldato a 160°C/325°F/gas mark 3 per 2-2½ ore, fino a quando uno spiedino al centro risulta pulito. Coprire la parte superiore della torta con carta da forno (oleata) a fine cottura se è troppo dorata. Lasciare raffreddare nello stampo per 10 minuti, quindi posizionare sulla griglia per completare il raffreddamento.

Torta genovese

Per una torta da 23 cm/9 pollici

225 g/8 once/1 tazza di burro o margarina, ammorbidito

100 g/4 once/½ tazza di zucchero semolato

4 uova, separate

5 ml/1 cucchiaino di essenza di mandorle (estratto)

5 ml/1 cucchiaino di buccia d'arancia grattugiata

225 g/8 once/11/3 tazza di uvetta, tritata

100 g/2/3 tazza di ribes, tritato

100 g/2/3 tazza di uvetta (uvetta dorata), tritata

50 g di ciliegie glassate (candite), tritate

50g/2oz/1/3 di tazza di buccia mista tritata (candita).

100 g / 1 tazza di mandorle tritate

25 g / 1 oz / ¼ di tazza di mandorle

350g/12oz/3 tazze di farina (per tutti gli usi)

10 ml/2 cucchiaini di lievito per dolci

5 ml/1 cucchiaino di cannella in polvere

Montare a crema il burro o la margarina con lo zucchero, quindi sbattere i tuorli, l'essenza di mandorle e la scorza d'arancia. Impastare la frutta e le noci con un po' di farina fino a ricoprirle, quindi aggiungere cucchiai di farina, lievito e cannella alternati a cucchiai di composto di frutta fino a quando il tutto sarà ben amalgamato. Montare a neve ferma gli albumi, poi incorporarli al composto. Versare in uno stampo da torta (teglia) da 23 cm/9 unto e foderato e cuocere nel forno preriscaldato a 190°C/375°F/gas mark 5 per 30 minuti, quindi ridurre la temperatura del forno a 160°C/325°F/ gas mark 3 per un'altra ora e mezza fino a quando diventa elastico al tatto e uno spiedino inserito all'interno risulta pulito. Lasciar raffreddare nello stampo.

Torta alla frutta Glace

Per una torta da 23 cm/9 pollici

225 g/8 once/1 tazza di burro o margarina, ammorbidito

225 g/8 oz/1 tazza di zucchero fine

4 uova, leggermente sbattute

45 ml/3 cucchiai di brandy

250g/9oz/1¼ tazza di farina normale (per tutti gli usi).

2,5 ml/½ cucchiaino di lievito per dolci

Pizzico di sale

225 g/8 oz/1 tazza di frutta mista ghiacciata (candita) come ciliegie, ananas, arance, fichi, a fette

100 g/4 once/2/3 tazze di uvetta

100 g/4 once/2/3 tazze di uva sultanina (uvetta dorata)

75 g/3 once/½ tazza di ribes

50 g/2 once/½ tazza di noci miste tritate

Scorza grattugiata di 1 limone

Sbattere il burro o la margarina con lo zucchero fino a ottenere un composto chiaro e spumoso. Aggiungere gradualmente le uova e il brandy. In una ciotola separata, mescolare gli ingredienti rimanenti fino a quando la frutta è ben ricoperta di farina. Aggiungere al composto e mescolare bene. Mettere un cucchiaio in uno stampo per dolci da 23 cm/9 imburrato e cuocere in forno preriscaldato a 180°C/350°F/Gas 4 per 30 minuti. Ridurre la temperatura del forno a 150°C/300°F/gas mark 3 e cuocere per altri 50 minuti, fino a quando uno stecchino inserito al centro risulta pulito.

Torta alla frutta Guinness

Per una torta da 23 cm/9 pollici

225g/8oz/1 tazza di burro o margarina

225 g/8 once/1 tazza di zucchero di canna morbido

300 ml/½ pt/1¼ tazza di Guinness o birra scura

225g/8oz/11/3 tazze di uvetta

225g/8oz/11/3 tazze di uva sultanina (uvetta dorata)

225g/8oz/11/3 tazze di ribes

100g/4oz/2/3 tazza di buccia mista tritata (candita).

550 g/1¼ lb/5 tazze di farina normale (per tutti gli usi).

2,5 ml/½ cucchiaino di bicarbonato di sodio (bicarbonato di sodio)

5 ml/1 cucchiaino di mix di spezie macinate (torta di mele)

2,5 ml/½ cucchiaino di noce moscata grattugiata

3 uova, leggermente sbattute

Portare a ebollizione il burro o la margarina, lo zucchero e la Guinness in una piccola casseruola a fuoco basso, mescolando fino a quando non saranno ben amalgamati. Mescolare la frutta e la scorza mista, portare a ebollizione, quindi cuocere per 5 minuti. Togliere dal fuoco e lasciare raffreddare.

Mescolate la farina, il bicarbonato e le spezie e fate un buco al centro. Aggiungere il mix di frutta fresca e l'uovo e mescolare fino a quando non saranno ben amalgamati. Versare in una teglia (teglia) a cerniera da 23 cm/9 unta e foderata e cuocere in forno preriscaldato a 160°C/325°F/gas mark 3 per 2 ore, fino a quando uno spiedino centrale risulta pulito. Lasciare raffreddare nello stampo per 20 minuti, quindi posizionare sulla gratella per completare il raffreddamento.

Pasta macinata

Per una torta da 20 cm/8 pollici

225 g/8 oz/2 tazze di farina autolievitante (autolievitante)

350g/12oz/2 tazze di carne macinata

75 g/½ tazza di miscele di frutta secca (miscela per torta di frutta)

3 uova

150 g/5 once/2/3 tazze di margarina morbida

150 g / 5 once / 2/3 tazza di zucchero di canna morbido

Mescolare tutti gli ingredienti fino a quando ben combinati. Trasforma in una teglia a cerniera da 20 cm/8 unta e foderata di alluminio e cuoci in forno preriscaldato a 160°C/325°F/gas mark 3 per 1¾ ore fino a quando non sarà ben lievitata e soda al tatto.

Torta di farina d'avena e albicocche

Per una torta da 20 cm/8 pollici

175 g/6 once/¾ tazza di burro o margarina, ammorbidito

50 g / 2 once / ¼ di tazza di zucchero di canna morbido

30 ml/2 cucchiai di miele puro

3 uova sbattute

175 g/6 once/¼ di tazza di farina integrale

50 g/2 once/½ tazza di farina d'avena

10 ml/2 cucchiaini di lievito per dolci

250 g/9 oz/1½ tazza di miscele di frutta secca (miscela per torta di frutta)

50 g/1/3 di tazza di albicocche secche pronte al consumo, tritate

Scorza grattugiata e succo di 1 limone

Sbattere il burro o la margarina con lo zucchero e il miele fino a ottenere un composto leggero e spumoso. A poco a poco sbattere le uova alternandole con la farina e il lievito. Aggiungere la frutta secca, il succo di limone e la scorza. Versare in una teglia (padella) unta e foderata da 20 cm e cuocere in forno preriscaldato a 180°C/350°F/gas mark 4 per 1 ora. Ridurre la temperatura del forno a 160°C/325°F/gas mark 3 e cuocere per altri 30 minuti, finché lo spiedino centrale non esce pulito. Coprire la parte superiore con pergamena se la torta inizia a dorare troppo velocemente.

Torta di frutta per la notte

Per una torta da 20 cm/8 pollici

450 g/1 libbra/4 tazze di farina normale (per tutti gli usi).

225g/8oz/1 1/3 tazze di ribes

225g/8oz/1 1/3 tazze di uva sultanina (uvetta dorata)

225 g/8 once/1 tazza di zucchero di canna morbido

50g/2oz/1/3 di tazza di buccia mista tritata (candita).

175 g / 6 oz / ¾ tazza di strutto (accorciamento)

15 ml/1 cucchiaio di sciroppo di mais dorato (leggero).

10 ml/2 cucchiaini di bicarbonato di sodio

15 ml/1 cucchiaio di latte

300 ml/½ pt/1¼ tazza di acqua

Mescolare la farina, la frutta, lo zucchero e la scorza. Sciogliere lo strutto e lo sciroppo e unirli al composto. Sciogliere il bicarbonato di sodio nel latte e mescolarlo all'impasto con l'acqua. Versare in uno stampo da torta unto (pentola), coprire e lasciare per una notte.

Cuocere la torta in un forno preriscaldato a 160°C/375°F/gas mark 3 per 1¾ ore fino a quando lo spiedino centrale non esce pulito.

Torta con uvetta e spezie

Per una pagnotta da 900g/2lb

225 g/8 once/1 tazza di zucchero di canna morbido

300 ml/½ pt/1¼ tazza di acqua

100 g/4 once/½ tazza di burro o margarina

15 ml/1 cucchiaio di melassa nera (melassa)

175 g/6 once/1 tazza di uvetta

5 ml/1 cucchiaino di cannella in polvere

2. 5 ml/½ cucchiaino di noce moscata grattugiata

2,5 ml/½ cucchiaino di pimento

225 g/8 once/2 tazze di farina normale (per tutti gli usi).

5 ml/1 cucchiaino di lievito in polvere

5 ml/1 cucchiaino di bicarbonato di sodio

Sciogliere lo zucchero, l'acqua, il burro o la margarina, la melassa, l'uvetta e le spezie in un pentolino a fuoco medio, mescolando continuamente. Portare a ebollizione e cuocere a fuoco lento per 5 minuti. Togliere dal fuoco e sbattere il resto degli ingredienti. Versare il composto in una pagnotta unta e foderata da 900 g/2 libbre e cuocere in forno preriscaldato a 180°C/350°F/Gas 4 per 50 minuti, fino a quando uno stecchino inserito al centro risulta pulito.

Torta Richmond

Per una torta da 15 cm/6 pollici

225 g/8 once/2 tazze di farina normale (per tutti gli usi).

Pizzico di sale

75 g/1/3 di tazza di burro o margarina

100 g/4 once/½ tazza di zucchero semolato

2,5 ml/½ cucchiaino di lievito per dolci

100 g/4 once/2/3 tazze di ribes

2 uova sbattute

Un po' di latte

Mettere la farina e il sale in una ciotola e strofinare nel burro o nella margarina fino a quando il composto non assomiglia al pangrattato. Aggiungere lo zucchero, il lievito e il ribes. Aggiungere le uova e il latte quanto basta per ottenere un impasto duro. Trasforma in uno stampo imburrato e foderato di 15 cm/6 in una teglia a cerniera. Cuocere in forno preriscaldato a 190°C/375°F/Gas 5 per circa 45 minuti, fino a quando uno stecchino inserito al centro risulta pulito. Lasciare raffreddare sulla griglia.

Torta allo zafferano

Produce due biscotti da 450g/1lb

2,5 ml/½ cucchiaino di pistilli di zafferano

Acqua calda

15 g di lievito fresco o 20 ml/4 cucchiaini di lievito secco

900 g/2 lb/8 tazze di farina semplice (per tutti gli usi).

225 g/8 oz/1 tazza di zucchero fine

2,5 ml/½ cucchiaino di mix di spezie macinate (torta di mele)

Pizzico di sale

100 g/4 once/½ tazza di strutto (accorciato)

100 g/4 once/½ tazza di burro o margarina

300 ml/½ pt/1¼ di tazza di latte caldo

350 g/12 oz/2 tazze di miscele di frutta secca (miscela per torta di frutta)

50 g / 2 once / 1/3 di tazza di buccia mista tritata (candita).

> Tritare i fili di zafferano e immergerli per una notte in 45 ml/3 cucchiai di acqua tiepida.

Mescolare il lievito con 30 ml/2 cucchiai di farina, 5 ml/1 cucchiaino di zucchero e 75 ml/5 cucchiai di acqua tiepida e mettere da parte in un luogo caldo per 20 minuti fino a ottenere un composto spumoso.

Mescolare la farina rimanente e lo zucchero con le spezie e il sale. Strofina lo strutto e il burro o la margarina insieme fino a quando non assomiglia al pangrattato, quindi fai un pozzo al centro. Aggiungere la miscela di lievito, lo zafferano e il liquido allo zafferano, il latte caldo, la frutta e la scorza mista e mescolare fino ad ottenere un impasto morbido. Mettere in una ciotola oliata, coprire con pellicola trasparente (alluminio) e mettere da parte in un luogo caldo per 3 ore.

Formate due pagnotte, mettetele in due stampini unti (padelle) e cuocete in forno preriscaldato a 220°C per 40 minuti, finché non saranno ben lievitate e dorate.

Torta di frutta soda

Per una torta 450 g/1 lb

225 g/8 once/2 tazze di farina normale (per tutti gli usi).

1,5 ml/¼ di cucchiaino di sale

un pizzico di bicarbonato di sodio (bicarbonato di sodio)

50 g di burro o margarina

50 g/2 once/¼ di tazza di zucchero semolato

100 g/4 oz/2/3 tazze di miscele di frutta secca (miscela per torta di frutta)

150 ml/¼ pt/2/3 tazza di latte acido o latte con 5 ml/1 cucchiaino di succo di limone

5 ml/1 cucchiaino di melassa nera (melassa)

In una ciotola mescolate la farina, il sale e il bicarbonato. Strofinare il burro o la margarina fino a quando il composto non assomiglia al pangrattato. Aggiungere lo zucchero e la frutta e mescolare bene. Riscaldare il latte e la melassa fino a quando la melassa non si scioglie, quindi aggiungere agli ingredienti secchi e mescolare fino a quando non diventano rigidi. Versare in uno stampo da plumcake imburrato da 450 g/1 libbra e cuocere in forno preriscaldato a 190°C/375°F/Gas mark 5 per circa 45 minuti fino a doratura.

Una torta di frutta veloce

Per una torta da 20 cm/8 pollici

450 g/lb/2⅔ tazze di frutta secca mista (miscela per torta di frutta)

225 g/8 once/1 tazza di zucchero di canna morbido

100 g/4 once/½ tazza di burro o margarina

150 ml/¼ pt/2/3 tazze d'acqua

2 uova sbattute

225 g/8 oz/2 tazze di farina autolievitante (autolievitante)

Portare a ebollizione la frutta, lo zucchero, il burro o la margarina e l'acqua, quindi coprire e cuocere a fuoco lento per 15 minuti. Lasciar raffreddare. Sbattere le uova e la farina, quindi trasferirle su una teglia da 20 cm/8 unta e foderata e cuocere in forno preriscaldato a 150°C/300°F/gas mark 3 per 1 ora e mezza, fino a doratura sulla parte superiore e gonfia i lati della lattina.

Torta alla frutta con tè caldo

Per una torta da 900g/2lb

450 g/2½ tazze di miscele di frutta secca (miscela per torta di frutta)

300 ml/½ pt/1¼ tazza di tè nero caldo

350g/10oz/1¼ di tazza di zucchero di canna morbido

350g/10oz/2½ tazze di farina autolievitante (autolievitante).

1 uovo sbattuto

Metti la frutta nel tè caldo e lasciala tutta la notte. Mescolare lo zucchero, la farina e l'uovo e trasformarlo in una pagnotta da 900 g unta e foderata (casseruola) Cuocere in forno preriscaldato a 160°C/325°F/gas mark 3 per 2 ore fino a quando non sarà ben lievitato e dorato.

Torta di frutta con tè freddo

Per una torta da 15 cm/6 pollici

100 g/4 once/½ tazza di burro o margarina

225g/8oz/11/3 tazza di miscele di frutta secca (miscela per torta di frutta)

250 ml/8 fl oz/1 tazza di tè nero freddo

225 g/8 oz/2 tazze di farina autolievitante (autolievitante)

100 g/4 once/½ tazza di zucchero semolato

5 ml/1 cucchiaino di bicarbonato di sodio

1 uovo grande

Sciogliere il burro o la margarina in una casseruola, aggiungere la frutta e il tè e portare a ebollizione. Cuocere a fuoco lento per 2 minuti, quindi raffreddare. Aggiungere il resto degli ingredienti e mescolare bene. Versare in una teglia a forma di cerniera da 15 cm/6 unta e foderata e cuocere in forno preriscaldato a 160°C/325°F/gas mark 3 per 1¼-1½ ore fino a quando non si solidifica al tatto. Lasciare raffreddare, quindi servire affettato e imburrato.

Torta alla frutta senza zucchero

Per una torta da 20 cm/8 pollici

4 albicocche secche

60 ml/4 cucchiai di succo d'arancia

250 ml/8 fl oz/1 tazza robusta

100 g/4 once/2/3 tazze di uva sultanina (uvetta dorata)

100 g/4 once/2/3 tazze di uvetta

50 g/2 once/¼ di tazza di ribes

50 g di burro o margarina

225 g/8 oz/2 tazze di farina autolievitante (autolievitante)

75 g/3 once/¾ di tazza di noci miste tritate

10 ml/2 cucchiaini di mix di spezie macinate (torta di mele)

5 ml/1 cucchiaino di polvere di caffè solubile

3 uova, leggermente sbattute

15 ml/1 cucchiaio di brandy o whisky

Immergere le albicocche nel succo d'arancia fino a renderle morbide, quindi tritarle. Mettere in una padella con grasso, frutta secca e burro o margarina, portare a ebollizione, quindi cuocere a fuoco lento per 20 minuti. Lasciar raffreddare.

Mescolare farina, noci, spezie e caffè. Mescolare la miscela robusta di uova e brandy o whisky. Versare il composto in uno stampo a cerniera da 20 cm unto e foderato e cuocere in forno preriscaldato a 180°C/gas 4 per 20 minuti. Ridurre la temperatura del forno a 150°C/300°F/gas mark 2 e cuocere per un'altra ora e mezza, finché lo spiedino centrale non esce pulito. Coprire la parte superiore con carta da forno (oleata) a fine cottura se è dorata. Lasciare raffreddare nello stampo per 10 minuti, quindi posizionare sulla griglia per completare il raffreddamento.

Piccole Torte Di Frutta

Fa 48

100 g/4 once/½ tazza di burro o margarina, ammorbidito

225 g/8 once/1 tazza di zucchero di canna morbido

2 uova, leggermente sbattute

175 g/6 once/1 tazza di datteri snocciolati (senza semi), tritati

50 g/2 once/½ tazza di noci miste tritate

15 ml/1 cucchiaio di buccia d'arancia grattugiata

225 g/8 once/2 tazze di farina normale (per tutti gli usi).

5 ml/1 cucchiaino di bicarbonato di sodio

2,5 ml/½ cucchiaino di sale

150 ml/¼ pt/2/3 tazza di latticello

6 ciliegie ghiacciate (candite), affettate

Glassa di frutta all'arancia

Sbattere il burro o la margarina con lo zucchero fino a ottenere un composto chiaro e spumoso. Sbattere le uova poco alla volta. Aggiungere i datteri, le noci e la buccia d'arancia. Mescolare la farina, il bicarbonato e il sale. Aggiungere al composto alternando con il latticello e sbattere fino a quando ben combinato. Versare in stampi per muffin da 5 cm/2 unti (padella) e guarnire con le ciliegie. Cuocere in forno preriscaldato a 190°C/375°F/Gas 5 per 20 minuti finché lo spiedino centrale non esce pulito. Trasferite in frigo e lasciate scaldare, quindi spennellate con la glassa all'arancia.

Torta di frutta all'aceto

Per una torta da 23 cm/9 pollici

225g/8oz/1 tazza di burro o margarina

450 g/1 libbra/4 tazze di farina normale (per tutti gli usi).

225g/8oz/11/3 tazze di uva sultanina (uvetta dorata)

100 g/4 once/2/3 tazze di uvetta

100 g/4 once/2/3 tazze di ribes

225 g/8 once/1 tazza di zucchero di canna morbido

5 ml/1 cucchiaino di bicarbonato di sodio

300 ml/½ pt/1¼ di tazza di latte

45 ml/3 cucchiai di aceto di malto

Strofina il burro o la margarina nella farina fino a quando il composto non assomiglia al pangrattato. Mescolate la frutta e lo zucchero e fate un buco al centro. Mescolare il bicarbonato di sodio, il latte e l'aceto: la miscela creerà schiuma. Mescolare con gli ingredienti secchi fino a quando ben combinati. Versare il composto in una tortiera da 23 cm/9 unta e foderata e cuocere in forno preriscaldato a 200°C/400°F/Gas 6 per 25 minuti. Ridurre la temperatura del forno a 160°C/325°F/gas mark 3 e cuocere per un'altra ora e mezza, fino a doratura e consistenza al tatto. Lasciare raffreddare nello stampo per 5 minuti, quindi posizionare sulla griglia per completare il raffreddamento.

Torta al whisky della Virginia

Per una torta 450 g/1 lb

100 g/4 once/½ tazza di burro o margarina, ammorbidito

50 g/2 once/¼ di tazza di zucchero semolato

3 uova, separate

175 g/6 once/1½ tazza di farina normale (per tutti gli usi).

5 ml/1 cucchiaino di lievito in polvere

Un pizzico di noce moscata grattugiata

Un pizzico di mazza di terra

Porta da 120 ml/4 once/½ tazza

30 ml/2 cucchiai di brandy

100 g/4 oz/2/3 tazze di miscele di frutta secca (miscela per torta di frutta)

120ml/4oz/½ tazza di whisky

Sbattere il burro e lo zucchero fino a che liscio. Aggiungi i tuorli. Mescolare la farina, il lievito e le spezie e mescolare. Aggiungere il porto, il brandy e la frutta secca. Sbattere gli albumi fino a formare picchi morbidi, quindi incorporarli alla massa. Versare in una teglia unta da 450 g/1 libbra e cuocere in forno preriscaldato a 160°C/325°F/gas mark 3 per 1 ora fino a quando uno stecchino inserito al centro risulta pulito. Lasciare raffreddare nello stampo, quindi versare il whisky sulla torta e lasciare riposare nello stampo per 24 ore prima di affettare.

Torta alla frutta gallese

Per una torta da 23 cm/9 pollici

50 g di burro o margarina

50 g/2 once/¼ di tazza di strutto (accorciamento)

225 g/8 once/2 tazze di farina normale (per tutti gli usi).

Pizzico di sale

10 ml/2 cucchiaini di lievito per dolci

100 g di zucchero demerara

175 g/6 oz/1 tazza di miscele di frutta secca (miscela per torta di frutta)

Scorza grattugiata e succo di ½ limone

1 uovo, leggermente sbattuto

30 ml/2 cucchiai di latte

Strofinare il burro o la margarina e lo strutto nella farina, nel sale e nel lievito fino a ottenere un composto simile al pangrattato. Aggiungere lo zucchero, la frutta e la scorza e il succo di limone, quindi aggiungere l'uovo e il latte e impastare fino a ottenere un impasto morbido. Formare una teglia quadrata da 23 cm/9 unta e foderata e cuocere in forno preriscaldato a 200°C / 400°F/gas mark 6 per 20 minuti fino a quando non è lievitata e dorata.

Torta alla frutta bianca

Per una torta da 23 cm/9 pollici

100 g/4 once/½ tazza di burro o margarina, ammorbidito

225 g/8 oz/1 tazza di zucchero fine

5 uova, leggermente sbattute

350g/12oz/2 tazze di mix di frutta secca

350 g/12 once/2 tazze di uva sultanina (uvetta dorata)

100 g di datteri snocciolati (senza semi), tritati

100 g di ciliegie ghiacciate (candite), tritate

100 g di ananas glassato (candito), tritato

100 g/4 once/1 tazza di noci miste tritate

225 g/8 once/2 tazze di farina normale (per tutti gli usi).

10 ml/2 cucchiaini di lievito per dolci

2,5 ml/½ cucchiaino di sale

60 ml/4 cucchiai di succo d'ananas

Sbattere il burro o la margarina con lo zucchero fino a ottenere un composto chiaro e spumoso. Aggiungere gradualmente le uova, sbattendo bene dopo ogni aggiunta. Mescolare tutta la frutta, le noci e un po' di farina fino a quando gli ingredienti sono ben ricoperti di farina. Mescolare il lievito e il sale con la farina rimanente, quindi incorporarli al composto di uova alternandoli con il succo d'ananas fino a ottenere un composto omogeneo. Aggiungere la frutta e mescolare bene. Versare in una tortiera da 23 cm/9 unta e foderata e cuocere in forno preriscaldato a 140°C/275°F/gas mark 1 per circa 2 ore e mezza, finché uno spiedino centrale non esce pulito. Lasciare raffreddare nello stampo per 10 minuti, quindi posizionare sulla griglia per completare il raffreddamento.

torta di mele

Per una torta da 20 cm/8 pollici

175 g/6 once/1½ tazza di farina autolievitante

5 ml/1 cucchiaino di lievito in polvere

Pizzico di sale

150 g/2/3 tazza di burro o margarina

150 g/5 once/2/3 tazze di zucchero semolato

1 uovo sbattuto

175ml/6oz/¾ tazza di latte

3 mele (dessert), sbucciate, private del torsolo e affettate

2,5 ml/½ cucchiaino di cannella in polvere

15 ml/1 cucchiaio di miele chiaro

Mescolare farina, potere lievitante e sale. Strofina il burro o la margarina fino a quando non assomiglia al pangrattato, quindi aggiungi lo zucchero. Aggiungere l'uovo e il latte. Versare il composto in una teglia a cerniera da 20 cm/8 imburrata e foderata e premere delicatamente le fette di mela. Cospargere con la cannella e condire con il miele. Cuocere in forno preriscaldato a 200°C/gas 6 per 45 minuti fino a doratura e consistenza al tatto.

Una torta di mele speziata con una superficie croccante

Per una torta da 20 cm/8 pollici

75 g/1/3 di tazza di burro o margarina

175 g/6 once/1½ tazza di farina autolievitante

50 g/2 once/¼ di tazza di zucchero semolato

1 uovo

75 ml/5 cucchiai d'acqua

3 mele (dessert), sbucciate, private del torsolo e tagliate in ottavi

Per la farcitura:

75g/3oz/1/3 di tazza di zucchero demerara

10 ml/2 cucchiaini di cannella in polvere

25 g/2 cucchiai di burro o margarina

Strofina il burro o la margarina nella farina fino a quando il composto non assomiglia al pangrattato. Aggiungere lo zucchero, quindi mescolare l'uovo e l'acqua per ottenere un impasto morbido. Aggiungete ancora un po' d'acqua se il composto risulta troppo asciutto. Stendere l'impasto su una teglia a cerniera (piatto) con un diametro di 20 cm / 8 cm e premere le mele nell'impasto. Cospargere con zucchero demerara e cannella e cospargere con burro o margarina. Cuocere in forno preriscaldato a 180°C/350°F/gas mark 4 per 30 minuti fino a doratura e consistenza al tatto.

Torta di mele americana

Per una torta da 20 cm/8 pollici

50 g/2 once/¼ di tazza di burro o margarina, ammorbiditi

225 g/8 once/1 tazza di zucchero di canna morbido

1 uovo, leggermente sbattuto

5 ml/1 cucchiaino di essenza di vaniglia (estratto)

100 g/4 once/1 tazza di farina semplice (per tutti gli usi).

2,5 ml/½ cucchiaino di lievito per dolci

2,5 ml/½ cucchiaino di bicarbonato di sodio (bicarbonato di sodio)

2,5 ml/½ cucchiaino di sale

2,5 ml/½ cucchiaino di cannella in polvere

2,5 ml/½ cucchiaino di noce moscata grattugiata

450 g di mele (dessert), sbucciate, private del torsolo e tagliate a cubetti

25 g / 1 oz / ¼ di tazza di mandorle tritate

Sbattere il burro o la margarina con lo zucchero fino a ottenere un composto chiaro e spumoso. A poco a poco sbattere l'uovo e l'essenza di vaniglia. Mescolare la farina, il lievito, il bicarbonato di sodio, il sale e le spezie e sbattere fino a quando non sono combinati. Aggiungi mele e noci. Mettere un cucchiaio in una teglia quadrata da 20 cm/8 unta e foderata e cuocere in forno preriscaldato a 180°C/350°F/gas mark 4 per 45 minuti fino a quando uno spiedino centrale risulta pulito.

Torta con purea di mele

Per una torta da 900g/2lb

100 g/4 once/½ tazza di burro o margarina, ammorbidito

225 g/8 once/1 tazza di zucchero di canna morbido

2 uova, leggermente sbattute

225 g/8 once/2 tazze di farina normale (per tutti gli usi).

5 ml/1 cucchiaino di cannella in polvere

2,5 ml/½ cucchiaino di noce moscata grattugiata

100 g / 1 tazza di purea di mele (salsa)

5 ml/1 cucchiaino di bicarbonato di sodio

30 ml/2 cucchiai di acqua calda

Sbattere il burro o la margarina con lo zucchero fino a ottenere un composto chiaro e spumoso. Aggiungere gradualmente le uova. Aggiungere la farina, la cannella, la noce moscata e la purea di mele. Mescolare il bicarbonato di sodio con acqua calda e mescolare nella miscela. Versare in uno stampo da plumcake imburrato da 900 g e cuocere in forno preriscaldato a 180°C/350°F/gas mark 4 per 1 ora e ¼ fino a quando uno stecchino inserito al centro risulta pulito.

sidro di mele

Per una torta da 20 cm/8 pollici

100 g/4 once/½ tazza di burro o margarina, ammorbidito

150 g/5 once/2/3 tazze di zucchero semolato

3 uova

225 g/8 oz/2 tazze di farina autolievitante (autolievitante)

5 ml/1 cucchiaino di mix di spezie macinate (torta di mele)

5 ml/1 cucchiaino di bicarbonato di sodio

5 ml/1 cucchiaino di lievito in polvere

150 ml/¼ pt/2/3 tazza di sidro secco

2 mele cotte (grattugiate), sbucciate, private del torsolo e affettate

75g/3oz/1/3 di tazza di zucchero demerara

100 g/4 once/1 tazza di noci miste tritate

Mescolare il burro o la margarina, lo zucchero, le uova, la farina, il condimento, il bicarbonato di sodio, il lievito e 120 ml di sidro fino a quando non saranno ben amalgamati, aggiungendo il resto del sidro se necessario per ottenere una pastella liscia. Versare metà del composto in uno stampo per dolci da 20 cm/8 imburrato e foderato e ricoprire con metà delle fettine di mela. Mescolare lo zucchero e le noci e metterne metà sulle mele. Aggiungere la massa rimanente all'impasto e cospargere con le mele rimanenti e il resto della massa di zucchero e noci. Cuocere in forno preriscaldato a 180°C/350°F/gas mark 4 per 1 ora, fino a doratura e consistenza al tatto.

Torta di mele e cannella

Per una torta da 23 cm/9 pollici

100 g/4 once/½ tazza di burro o margarina

100 g/4 once/½ tazza di zucchero semolato

1 uovo, leggermente sbattuto

100 g/4 once/1 tazza di farina semplice (per tutti gli usi).

5 ml/1 cucchiaino di lievito in polvere

30 ml/2 cucchiai di latte (facoltativo)

2 mele grandi, cotte (grattugiate), sbucciate, private del torsolo e affettate

30 ml/2 cucchiai di zucchero fine (molto fine).

5 ml/1 cucchiaino di cannella in polvere

25 g / 1 oz / ¼ di tazza di mandorle tritate

30 ml/2 cucchiai di zucchero demerara

Sbattere il burro o la margarina con lo zucchero fino a ottenere un composto chiaro e spumoso. A poco a poco sbattere l'uovo, quindi aggiungere la farina e il lievito. La miscela dovrebbe essere abbastanza dura; se è troppo duro, aggiungi un po' di latte. Versare metà del composto in una teglia imburrata e foderata di 23 cm/9 in una teglia a fondo mobile (teglia). Metti le fette di mela sopra. Mescolare lo zucchero con la cannella e cospargere le mandorle sulle mele. Decorare con il restante composto di pasta e spolverare con lo zucchero demerara. Cuocere in forno preriscaldato a 180°C/350°F/Gas 4 per 30-35 minuti, finché lo spiedino centrale non esce pulito.

Torta di mele spagnola

Per una torta da 23 cm/9 pollici

175 g/6 once/¾ di tazza di burro o margarina

6 mele Cox (dessert), sbucciate, private del torsolo e tagliate a pezzi

30 ml/2 cucchiai di brandy di mele

175 g/6 once/¾ di tazza di zucchero (molto fine).

150 g/5 once/1¼ di tazza di farina normale (per tutti gli usi).

10 ml/2 cucchiaini di lievito per dolci

5 ml/1 cucchiaino di cannella in polvere

3 uova, leggermente sbattute

45 ml/3 cucchiai di latte

Per la glassa:

60 ml/4 cucchiai di marmellata di albicocche (in scatola), setacciata (sgocciolata)

15 ml/1 cucchiaio di brandy di mele

5 ml/1 cucchiaino di farina di mais (farina di mais)

10 ml/2 cucchiaini di acqua

Sciogliere il burro o la margarina in una padella capiente (padella) e friggere i pezzi di mela a fuoco basso per 10 minuti, mescolando una volta per ricoprire con il burro. Togliere dal fuoco. Tagliare un terzo delle mele e aggiungere l'acquavite di mele, poi unire lo zucchero, la farina, il lievito e la cannella. Aggiungere le uova e il latte e un cucchiaio in una teglia da 23 cm/9 imburrata e infarinata in una tortiera a fondo mobile. Disporre sopra le restanti fette di mela. Cuocere in forno preriscaldato a 180°C/350°F/Gas 4 per 45 minuti, finché non è ben lievitato e dorato e i lati dello stampo iniziano a restringersi.

Per fare la glassa, scaldare insieme la marmellata e il brandy. Mescolare la farina di mais in una pasta con acqua e mescolare con marmellata e brandy. Cuocere per qualche minuto, mescolando fino a quando diventa trasparente. Spennellate la torta calda e lasciate raffreddare per 30 minuti. Rimuovere i lati della tortiera, riscaldare la glassa e glassare nuovamente. Lasciar raffreddare.

Torta di mele e sultanina

Per una torta da 20 cm/8 pollici

350g/12oz/3 tazze di farina autolievitante (autolievitante)

Pizzico di sale

2,5 ml/½ cucchiaino di cannella in polvere

225g/8oz/1 tazza di burro o margarina

175 g/6 once/¾ di tazza di zucchero (molto fine).

100 g/4 once/2/3 tazze di uva sultanina (uvetta dorata)

450 g di mele cotte (crostate), sbucciate, private del torsolo e tritate finemente

2 uova

Un po' di latte

Mescolare la farina, il sale e la cannella, quindi strofinare il burro o la margarina fino a quando il composto non assomiglia al pangrattato. Aggiungi lo zucchero. Fare una fontana al centro e aggiungere l'uva sultanina, le mele e le uova e mescolare bene, aggiungendo un po' di latte per ottenere un composto sodo. Versare in una tortiera imburrata di 20 cm di diametro e cuocere in forno preriscaldato a 180°C/350°F/gas mark 4 per circa 1½-2 ore fino a quando non si solidifica al tatto. Servire caldo o freddo.

Torta di mele capovolta

Per una torta da 23 cm/9 pollici

2 mele (dessert), sbucciate, private del torsolo e affettate sottilmente

75 g/3 once/1/3 di tazza di zucchero di canna morbido

45 ml/3 cucchiai di uvetta

30 ml/2 cucchiai di succo di limone

Sulla torta:

200 g/7 oz/1¾ tazza di farina (per tutti gli usi)

50 g/2 once/¼ di tazza di zucchero semolato

10 ml/2 cucchiaini di lievito per dolci

5 ml/1 cucchiaino di bicarbonato di sodio

5 ml/1 cucchiaino di cannella in polvere

Pizzico di sale

120ml/4oz/½ tazza di latte

50 g/2 oz/½ tazza di purea di mele (salsa)

75 ml/5 cucchiai di olio

1 uovo, leggermente sbattuto

5 ml/1 cucchiaino di essenza di vaniglia (estratto)

Mescolare le mele, lo zucchero, l'uvetta e il succo di limone e metterle sul fondo di una tortiera da 23 cm/9 unta. Mescolare gli ingredienti secchi per l'impasto e fare un buco al centro. Mescolare il latte, la purea di mele, l'olio, l'uovo e l'essenza di vaniglia e mescolare con gli ingredienti secchi fino a ottenere un composto omogeneo. Versare in una teglia a forma di cerniera e cuocere in forno preriscaldato a 180°C/350°F/gas mark 4 per 40 minuti fino a quando la pasta è dorata e si stacca dai lati della teglia. Lasciare raffreddare nello stampo per 10 minuti, quindi capovolgere con cura su un piatto. Servire caldo o freddo.

Torta con albicocche

Per una pagnotta da 900g/2lb

225 g/8 once/1 tazza di burro o margarina, ammorbidito

225 g/8 oz/1 tazza di zucchero fine

2 uova, ben sbattute

6 albicocche mature, snocciolate (senza semi), sbucciate e frullate

300 g/11 oz/2¾ tazze di farina (per tutti gli usi)

5 ml/1 cucchiaino di bicarbonato di sodio

Pizzico di sale

75 g di mandorle tritate

Sbattere il burro o la margarina e lo zucchero. A poco a poco sbattete le uova, poi aggiungete le albicocche. Sbattere la farina, il bicarbonato di sodio e il sale. Aggiungi le noci. Versare in uno stampo da plumcake imburrato e infarinato da 900 g e cuocere in forno preriscaldato a 180°C/350°F/gas mark 4 per 1 ora fino a quando uno stecchino inserito al centro risulta pulito. Lasciare raffreddare nello stampo prima di scartare.

Torta di albicocche e zenzero

Fa una torta da 18 cm / 7 pollici

100 g/4 oz/1 tazza di farina autolievitante (autolievitante)

100 g/4 once/½ tazza di zucchero di canna morbido

10 ml/2 cucchiaini di zenzero macinato

100 g/4 once/½ tazza di burro o margarina, ammorbidito

2 uova, leggermente sbattute

100 g/2/3 tazza di albicocche secche pronte al consumo, tritate

50 g/2 once/1/3 di tazza di uvetta

Sbattere la farina, lo zucchero, lo zenzero, il burro o la margarina e le uova fino a renderle morbide. Aggiungere le albicocche e l'uvetta. Versare il composto in una teglia a cerniera da 18 cm/7 unta e foderata e cuocere in forno preriscaldato a 180°C/350°F/gas mark 4 per 30 minuti, fino a quando uno stecchino inserito al centro risulta pulito.

Torta di albicocche ubriache

Per una torta da 20 cm/8 pollici

120ml/4oz/½ tazza di brandy o rum

120ml/4oz/½ tazza di succo d'arancia

225g/8oz/1 1/3 tazze di albicocche secche pronte da mangiare, tritate

100 g/4 once/2/3 tazze di uva sultanina (uvetta dorata)

175 g/6 once/¾ tazza di burro o margarina, ammorbidito

45 ml/3 cucchiai di miele puro

4 uova, separate

175 g/6 once/1½ tazza di farina autolievitante

10 ml/2 cucchiaini di lievito per dolci

Bollire brandy o rum e succo d'arancia con albicocche e uvetta. Mescolare bene, quindi togliere dal fuoco e mettere da parte a raffreddare. Montare a crema il burro o la margarina con il miele, quindi incorporare gradualmente i tuorli. Aggiungere la farina e il lievito. Montare a neve ferma gli albumi, quindi incorporarli delicatamente al composto. Versare in una teglia a cerniera da 20 cm/8 unta e foderata e cuocere in forno preriscaldato a 180°C/350°F/Gas 4 per 1 ora, fino a quando uno stecchino inserito al centro risulta pulito. Lasciar raffreddare nello stampo.

torta alla banana

Per una torta di 23 x 33 cm/9 x 13 cm

4 banane mature, schiacciate

2 uova, leggermente sbattute

350g/12oz/1½ tazze di zucchero fine

120ml/4oz/½ tazza di olio

5 ml/1 cucchiaino di essenza di vaniglia (estratto)

50 g/2 once/½ tazza di noci miste tritate

225 g/8 once/2 tazze di farina normale (per tutti gli usi).

10 ml/2 cucchiaini di bicarbonato di sodio

5 ml/1 cucchiaino di sale

Sbattere le banane, le uova, lo zucchero, l'olio e la vaniglia. Aggiungere il resto degli ingredienti e mescolare fino a quando non si saranno amalgamati. Versare in una teglia (teglia) a cerniera da 23 x 33 cm/9 x 13 e cuocere in forno preriscaldato a 180°C/350°F/gas mark 4 per 45 minuti, fino a quando lo spiedino centrale risulta pulito.

Torta croccante alla banana con una parte superiore croccante

Per una torta da 23 cm/9 pollici

100 g/4 once/½ tazza di burro o margarina, ammorbidito

300 g/11 oz/11/3 tazze di zucchero fine

2 uova, leggermente sbattute

175 g/6 once/1½ tazza di farina normale (per tutti gli usi).

2,5 ml/½ cucchiaino di sale

1,5 ml/½ cucchiaino di noce moscata grattugiata

5 ml/1 cucchiaino di bicarbonato di sodio

75 ml/5 cucchiai di latte

Qualche goccia di essenza di vaniglia (estratto)

4 banane, schiacciate

Per la farcitura:

50 g di zucchero demerara

50 g/2 oz/2 tazze di fiocchi di mais, tritati

2,5 ml/½ cucchiaino di cannella in polvere

25 g/2 cucchiai di burro o margarina

Sbattere il burro o la margarina con lo zucchero fino a ottenere un composto chiaro e spumoso. A poco a poco sbattete le uova, poi aggiungete la farina, il sale e la noce moscata. Mescolare il bicarbonato di sodio con il latte e l'essenza di vaniglia e mescolare con le banane. Mettetene un cucchiaio in una tortiera quadrata da 23 cm/9 imburrata e foderata.

Per fare la glassa, mescolare lo zucchero, i cornflakes e la cannella e strofinare nel burro o nella margarina. Cospargi la torta e cuoci in forno preriscaldato a 180°C/350°F/gas mark 4 per 45 minuti fino a quando non diventa soda al tatto.

Spugna di banana

Per una torta da 23 cm/9 pollici

100 g/4 once/½ tazza di burro o margarina, ammorbidito

100 g/4 once/½ tazza di zucchero semolato

2 uova sbattute

2 grandi banane mature, schiacciate

225 g/8 oz/1 tazza di farina autolievitante (autolievitante)

45 ml/3 cucchiai di latte

Per il ripieno e la farcitura:

225 g/8 once/1 tazza di formaggio cremoso

30 ml/2 cucchiai di panna (latte acido)

100 g di chips di banane essiccate

Sbattere il burro o la margarina con lo zucchero fino a ottenere un composto chiaro e spumoso. Aggiungere gradualmente le uova, quindi mescolare le banane e la farina. Mescolare il latte fino a quando il composto ha una consistenza simile a una goccia. Versare in una teglia a cerniera da 23 cm/9 unta e foderata e cuocere in forno preriscaldato a 180°C/350°F/Gas 4 per circa 30 minuti, fino a quando uno spiedino centrale risulta pulito. Mettere sulla griglia e lasciare raffreddare, quindi tagliare a metà orizzontalmente.

Per preparare la copertura, sbattere insieme la crema di formaggio e la panna acida e utilizzare metà del composto per unire le due metà della torta. Distribuire sopra il composto rimanente e decorare con chips di banana.

Torta alla banana ricca di fibre

Fa una torta da 18 cm / 7 pollici

100 g/4 once/½ tazza di burro o margarina, ammorbidito

50 g / 2 once / ¼ di tazza di zucchero di canna morbido

2 uova, leggermente sbattute

100 g / 1 tazza di farina integrale (integrale)

10 ml/2 cucchiaini di lievito per dolci

2 banane, schiacciate

Per il ripieno:

225g/8oz/1 tazza di ricotta (ricotta liscia)

5 ml/1 cucchiaino di succo di limone

15 ml/1 cucchiaio di miele chiaro

1 banana, affettata

Zucchero a velo (da pasticcere), setacciato, per spolverare

Sbattere il burro o la margarina con lo zucchero fino a ottenere un composto chiaro e spumoso. A poco a poco sbattete le uova, poi aggiungete la farina e il lievito. Mescolare delicatamente le banane. Versare il composto in due stampini da 18 cm/7 imburrati e foderati e cuocere in forno preriscaldato per 30 minuti fino a quando non sarà sodo al tatto. Lasciar raffreddare.

Per fare il ripieno, sbattere insieme la crema di formaggio, il succo di limone e il miele e spennellare una delle torte. Disporre le fette di banana sopra, quindi coprire con la seconda torta. Servire cosparso di zucchero a velo.

Torta alla banana e limone

Fa una torta da 18 cm / 7 pollici

100 g/4 once/½ tazza di burro o margarina, ammorbidito

175 g/6 once/¾ di tazza di zucchero (molto fine).

2 uova, leggermente sbattute

225 g/8 oz/2 tazze di farina autolievitante (autolievitante)

2 banane, schiacciate

Per il ripieno e la farcitura:

75 ml/5 cucchiai di cagliata di limone

2 banane, a fette

45 ml/3 cucchiai di succo di limone

100g/4oz/2/3 tazza di zucchero a velo (da pasticcere), setacciato

Sbattere il burro o la margarina con lo zucchero fino a ottenere un composto chiaro e spumoso. Sbattere gradualmente le uova, sbattendo bene dopo ogni aggiunta, quindi aggiungere la farina e le banane. Versare il composto in due stampini da sandwich da 18 cm unti e foderati e cuocere in forno preriscaldato a 180°C/350°F/gas mark 4 per 30 minuti. Uscite e fate raffreddare.

Piegare le torte insieme alla cagliata di limone e metà delle fette di banana. Cospargere le restanti fette di banana con 15 ml/1 cucchiaio di succo di limone. Mescolare il restante succo di limone con lo zucchero a velo per ottenere una glassa densa. Ricoprire la torta con la glassa e decorare con fettine di banana.

Torta al cioccolato alla banana frullatore

Per una torta da 20 cm/8 pollici

225 g/8 oz/2 tazze di farina autolievitante (autolievitante)

2,5 ml/½ cucchiaino di lievito per dolci

40 g/3 cucchiai di cioccolato da bere in polvere

2 uova

60 ml/4 cucchiai di latte

150 g/5 once/2/3 tazze di zucchero semolato

100 g/4 once/½ tazza di margarina morbida

2 banane mature, tritate

Mescolare la farina, il lievito e il cioccolato da bere. Frullare gli ingredienti rimanenti in un frullatore o in un robot da cucina per circa 20 secondi: il composto sembrerà cagliato. Versare negli ingredienti secchi e mescolare bene. Trasforma in una tortiera a cerniera da 20 cm unta e foderata e cuoci in forno preriscaldato a 180 ° C / 350 ° F / gas mark 4 per circa 1 ora, fino a quando uno stecchino inserito al centro risulta pulito. Sdraiati sulla griglia per raffreddare.

Torta di banane e noci

Per una torta da 900g/2lb

275 g/10 oz/2½ tazze di farina (per tutti gli usi)

225 g/8 oz/1 tazza di zucchero fine

100 g/1 tazza di arachidi, tritate finemente

15 ml/1 cucchiaio di lievito in polvere

Pizzico di sale

2 uova, separate

6 banane, schiacciate

Scorza grattugiata e succo di 1 limone piccolo

50 g di burro fuso o margarina

Mescolare farina, zucchero, noci, lievito e sale. Sbattere i tuorli e mescolarli con le banane, la scorza di limone, il succo e il burro o la margarina. Montare a neve ferma gli albumi, quindi unirli al composto. Versare in una teglia unta da 900 g/2 libbre e cuocere in forno preriscaldato a 180°C/350°F/gas mark 4 per 1 ora fino a quando uno stecchino inserito al centro risulta pulito.

Torta all-in-one con banana e uvetta

Per una torta da 900g/2lb

450 g / 1 libbra di banane mature, schiacciate

50 g/2 once/½ tazza di noci miste tritate

120ml/4oz/½ tazza di olio di semi di girasole

100 g/4 once/2/3 tazze di uvetta

75g/3oz/¾ tazza di farina d'avena

150g/5oz/1¼ tazza di farina integrale (integrale)

1,5 ml/¼ di cucchiaino di essenza di mandorle (estratto)

Pizzico di sale

Amalgamare tutti gli ingredienti fino ad ottenere un composto morbido e umido. Versare in una pagnotta unta e foderata da 900 g/2 libbre (casseruola) e cuocere in forno preriscaldato a 190°C/375°F/gas mark 5 per 1 ora, fino a doratura e uno spiedino inserito nel mezzo risulterà pulito . Raffreddare nella lattina per 10 minuti prima di scartare.

Torta al whisky alla banana

A 25 cm/10 nell'impasto

225 g/8 once/1 tazza di burro o margarina, ammorbidito

450 g/2 tazze di zucchero di canna morbido

3 banane mature, schiacciate

4 uova, leggermente sbattute

175 g di noci pecan tritate grossolanamente

225g/8oz/11/3 tazze di uva sultanina (uvetta dorata)

350 g/12 oz/3 tazze di farina (per tutti gli usi)

15 ml/1 cucchiaio di lievito in polvere

5 ml/1 cucchiaino di cannella in polvere

2,5 ml/½ cucchiaino di zenzero macinato

2,5 ml/½ cucchiaino di noce moscata grattugiata

150ml/¼ di pinta/2/3 tazze di whisky

Sbattere il burro o la margarina con lo zucchero fino a ottenere un composto chiaro e spumoso. Mescolare le banane, quindi sbattere gradualmente le uova. Mescolare le noci e l'uva sultanina con un cucchiaio abbondante di farina, quindi in una ciotola a parte mescolare la farina rimanente con il lievito e le spezie. Mescolare la farina alternativamente con il whisky. Aggiungere le noci e l'uva sultanina. Versare il composto in una massa non unta di 25 cm/10 in una teglia a forma di cerniera (padella) e cuocere in forno preriscaldato a 180°C/350°F/gas mark 4 per 1¼ ore fino a quando diventa elastico al tatto. Lasciare raffreddare nello stampo per 10 minuti, quindi posizionare sulla griglia per completare il raffreddamento.

Torta ai mirtilli

Per una torta da 23 cm/9 pollici

175 g/6 once/¾ di tazza di zucchero (molto fine).

60 ml/4 cucchiai di olio

1 uovo, leggermente sbattuto

120ml/4oz/½ tazza di latte

225 g/8 once/2 tazze di farina normale (per tutti gli usi).

10 ml/2 cucchiaini di lievito per dolci

2,5 ml/½ cucchiaino di sale

225 g / 8 once di frutti di bosco

Per la farcitura:

50 g di burro fuso o margarina

100 g/4 once/½ tazza di zucchero a velo

50 g/2 once/¼ di tazza di farina normale (per tutti gli usi).

2,5 ml/½ cucchiaino di cannella in polvere

Sbattere lo zucchero, l'olio e l'uovo fino a quando non saranno ben amalgamati e chiari. Aggiungere il latte, quindi aggiungere la farina, il lievito e il sale. Aggiungi i mirtilli. Versare il composto in uno stampo a cerniera imburrato e infarinato di 23 cm/9. Mescolare gli ingredienti per la farcitura e cospargere sopra il composto. Cuocere in forno preriscaldato a 190°C/375°F/Gas 5 per 50 minuti finché lo spiedino centrale non esce pulito. Servire caldo.

Torta di ciliegie di ciottoli

Per una torta da 900g/2lb

175 g/6 once/¾ tazza di burro o margarina, ammorbidito

175 g/6 once/¾ di tazza di zucchero (molto fine).

3 uova sbattute

225 g/8 once/2 tazze di farina normale (per tutti gli usi).

2,5 ml/½ cucchiaino di lievito per dolci

100 g/4 once/2/3 tazze di uva sultanina (uvetta dorata)

150g/5oz/2/3 tazza di ciliegie (candite), in quarti

225 g di ciliegie fresche, snocciolate (senza semi) e tagliate a metà

30 ml/2 cucchiai di marmellata di albicocche (in scatola)

Sbattere il burro o la margarina fino a renderli morbidi, quindi aggiungere lo zucchero. Mescolare le uova, poi la farina, il lievito, l'uva sultanina e le ciliegie. Versare in una teglia (padella) unta da 900 g e cuocere in forno preriscaldato a 160°C/325°F/gas mark 3 per 2 ore e mezza. Lasciare nello stampo per 5 minuti, quindi posizionare sulla griglia per completare il raffreddamento.

Disporre le ciliegie in fila sopra la torta. In un pentolino far bollire la confettura di albicocche, filtrarla e spennellare la superficie della torta per farla glassare.

Torta di ciliegie e cocco

Per una torta da 20 cm/8 pollici

350g/12oz/3 tazze di farina autolievitante (autolievitante)

175 g/6 once/¾ di tazza di burro o margarina

225g/8oz/1 tazza di ciliegie glassate (candite), tagliate in quarti

100 g / 1 tazza di cocco essiccato (triturato).

175 g/6 once/¾ di tazza di zucchero (molto fine).

2 uova grandi, leggermente sbattute

200 ml/7 fl oz/piccola 1 tazza di latte

Mettere la farina in una ciotola e strofinare il burro o la margarina fino a ottenere un composto simile al pangrattato. Mescolare le ciliegie nel cocco, quindi aggiungerle al composto di zucchero e mescolare leggermente. Aggiungere le uova e la maggior parte del latte. Sbattere bene, aggiungendo altro latte se necessario per ottenere una consistenza morbida simile a una goccia. Sformare in una teglia unta e foderata di 20 cm/8 in una teglia a cerniera. Cuocere in forno preriscaldato a 180°C/350°F/Gas 4 per 1 ora e mezza, finché uno stecchino al centro non esce pulito.

Torta di ciliegie e sultano

Per una torta da 900g/2lb

100 g/4 once/½ tazza di burro o margarina, ammorbidito

100 g/4 once/½ tazza di zucchero semolato

3 uova, leggermente sbattute

100 g di ciliegie ghiacciate (candite)

350 g/12 once/2 tazze di uva sultanina (uvetta dorata)

175 g/6 once/1½ tazza di farina normale (per tutti gli usi).

Pizzico di sale

Sbattere il burro o la margarina con lo zucchero fino a ottenere un composto chiaro e spumoso. Aggiungere gradualmente le uova. Mescolare le ciliegie e l'uva sultanina in un po' di farina, quindi aggiungere la farina rimanente al composto di sale. Aggiungere le ciliegie e l'uva sultanina. Versare il composto in una pagnotta unta e foderata da 900 g/2 libbre e cuocere in forno preriscaldato a 160°C/325°F/gas mark 3 per 1 ora e mezza, fino a quando uno stecchino inserito al centro risulta pulito.

Torta di ciliegie e noci congelata

Fa una torta da 18 cm / 7 pollici

100 g/4 once/½ tazza di burro o margarina, ammorbidito

100 g/4 once/½ tazza di zucchero semolato

2 uova, leggermente sbattute

15 ml/1 cucchiaio di miele chiaro

150g/5oz/1¼ tazza di farina autolievitante (autolievitante)

5 ml/1 cucchiaino di lievito in polvere

Pizzico di sale

Alla decorazione:

225 g/8 once/11/3 tazze di zucchero a velo (da pasticcere), setacciato

30 ml/2 cucchiai d'acqua

Qualche goccia di colorante alimentare rosso

4 ciliegie glassate (candite), metà

4 metà di una noce

Sbattere il burro o la margarina con lo zucchero fino a ottenere un composto chiaro e spumoso. A poco a poco sbattere le uova e il miele, quindi aggiungere la farina, il lievito e il sale. Versare il composto in una tortiera (teglia) da 18 cm/8 pollici unta e foderata e cuocere nel forno preriscaldato a 190°C/375°F/gas mark 5 per 20 minuti fino a quando non sarà ben lievitato e sodo al tatto. Lasciar raffreddare.

Mettere lo zucchero a velo in una ciotola e sbattere gradualmente in acqua sufficiente per fare una glassa spalmabile. Distribuire il massimo sulla parte superiore della torta. Colora la glassa rimanente con qualche goccia di colorante alimentare, aggiungendo ancora un po' di zucchero a velo se rende la glassa troppo sottile. Condire o ricoprire la torta con glassa rossa per dividerla in spicchi, quindi decorare con ciliegie e noci.

Torta di susine

Per una torta da 20 cm/8 pollici

100 g/4 once/½ tazza di burro o margarina, ammorbidito

75 g/3 once/1/3 di tazza di zucchero di canna morbido

2 uova, leggermente sbattute

225 g/8 oz/2 tazze di farina autolievitante (autolievitante)

Damsons 450 g/1 lb, snocciolate (senza semi) e metà

50 g/2 once/½ tazza di noci miste tritate.

Sbattere il burro o la margarina con lo zucchero fino a renderli chiari e spumosi, quindi aggiungere gradualmente le uova, sbattendo bene dopo ogni aggiunta. Aggiungere la farina e la prugna. Versare il composto in una teglia imburrata e foderata di 20 cm/8 in uno stampo a cerniera (padella) e cospargere con le noci. Cuocere in forno preriscaldato a 190°C/375°F/gas mark 5 per 45 minuti fino a quando l'impasto è sodo al tatto. Lasciare raffreddare nello stampo per 10 minuti, quindi posizionare sulla griglia per completare il raffreddamento.

Torta di datteri e noci

Per una torta da 23 cm/9 pollici

300 ml/½ pt/1¼ tazza di acqua bollente

225 g/8 once/11/3 tazze di datteri, snocciolati (snocciolati) e tritati

5 ml/1 cucchiaino di bicarbonato di sodio

75 g/1/3 di tazza di burro o margarina, ammorbiditi

225 g/8 oz/1 tazza di zucchero fine

1 uovo sbattuto

275 g/10 oz/2½ tazze di farina (per tutti gli usi)

Pizzico di sale

2,5 ml/½ cucchiaino di lievito per dolci

50 g/2 once/½ tazza di noci, tritate

Per la farcitura:
50 g / 2 once / ¼ di tazza di zucchero di canna morbido

25 g/2 cucchiai di burro o margarina

30 ml/2 cucchiai di latte

Qualche metà di noce per la decorazione

Versare l'acqua, i datteri e il bicarbonato di sodio in una ciotola e mettere da parte per 5 minuti. Montare il burro o la margarina con lo zucchero fino a renderli morbidi, quindi mescolare l'uovo con l'acqua e i datteri. Mescolare la farina, il sale e il lievito, quindi unire le noci. Trasforma in una teglia (teglia) da 23 cm/9 unta e foderata e cuoci in forno preriscaldato a 180°C/350°F/gas mark 4 per 1 ora fino a quando non si solidifica. Raffreddare sulla griglia.

Per fare la glassa, mescolare lo zucchero, il burro e il latte fino a che liscio. Spennellate la torta e decorate con le mezze noci.

torta al limone

Per una torta da 20 cm/8 pollici

175 g/6 once/¾ tazza di burro o margarina, ammorbidito

175 g/6 once/¾ di tazza di zucchero (molto fine).

2 uova sbattute

225 g/8 oz/2 tazze di farina autolievitante (autolievitante)

Succo e scorza di 1 limone

60 ml/4 cucchiai di latte

Montare insieme il burro o la margarina e 100 g/½ tazza di zucchero. Aggiungere le uova poco alla volta, quindi unire la farina e la scorza di limone. Aggiungere abbastanza latte per ottenere una consistenza morbida. Trasforma il composto in una teglia da 20 cm/8 unta e foderata e cuoci in forno preriscaldato a 180°C/350°F/gas mark 4 per 1 ora fino a quando non è lievitata e dorata. Sciogliere lo zucchero rimanente nel succo di limone. Bucherellare la torta calda con una forchetta e versarvi sopra il composto di succo. Lasciar raffreddare.

torta di mandorle all'arancia

Per una torta da 20 cm/8 pollici

4 uova, separate

100 g/4 once/½ tazza di zucchero semolato

Scorza grattugiata di 1 arancia

50g/2oz/½ tazza di mandorle, tritate finemente

50g/2oz/½ tazza di mandorle tritate

Per lo sciroppo:

100 g/4 once/½ tazza di zucchero semolato

300 ml/½ pt/1¼ di tazza di succo d'arancia

15 ml/1 cucchiaio di liquore all'arancia (facoltativo)

1 stecca di cannella

Sbattere i tuorli, lo zucchero, la scorza d'arancia, le mandorle e le mandorle tritate. Montare a neve ferma gli albumi, quindi unirli al composto. Versare in una teglia a cerniera da 20 cm/8 unta e infarinata in una teglia dal fondo largo (padella) e cuocere in forno preriscaldato a 180°C/350°F/gas mark 4 per 45 minuti fino a quando non si solidifica al tatto. Bucherellare con uno spiedino e mettere da parte a raffreddare.

Nel frattempo sciogliere lo zucchero nel succo d'arancia e nel liquore, se utilizzato, a fuoco basso con una stecca di cannella, mescolando di tanto in tanto. Portare a ebollizione e cuocere fino ad ottenere uno sciroppo sottile. Scartare la cannella. Versare lo sciroppo caldo sulla torta e lasciarla inzuppare.

Torta di avena

Per una torta da 900g/2lb

100 g/4 once/1 tazza di farina d'avena

300 ml/½ pt/1¼ tazza di acqua bollente

100 g/4 once/½ tazza di burro o margarina, ammorbidito

225 g/8 once/1 tazza di zucchero di canna morbido

225 g/8 oz/1 tazza di zucchero fine

2 uova, leggermente sbattute

175 g/6 once/1½ tazza di farina normale (per tutti gli usi).

10 ml/2 cucchiaini di lievito per dolci

5 ml/1 cucchiaino di bicarbonato di sodio

5 ml/1 cucchiaino di cannella in polvere

Mettere a bagno la farina d'avena in acqua bollente. Sbattere il burro o la margarina e gli zuccheri fino a ottenere un composto leggero e spumoso. A poco a poco sbattere le uova, quindi aggiungere la farina, il lievito, il bicarbonato e la cannella. Infine, aggiungi la miscela di farina d'avena e mescola fino a quando non sarà ben amalgamata. Versare in una pagnotta unta e foderata da 900 g/2 libbre (casseruola) e cuocere in forno preriscaldato a 180°C/350°F/Gas Mark 4 per circa 1 ora, fino a quando non si solidifica al tatto.

Torta di mandarini piccante e surgelata

Per una torta da 20 cm/8 pollici

175 g/6 once/3/4 di tazza di margarina in un contenitore morbido

250g/9oz/pesante 1 tazza di zucchero fine (extra fine).

225 g/8 oz/2 tazze di farina autolievitante (autolievitante)

5 ml/1 cucchiaino di lievito in polvere

3 uova

Scorza finemente grattugiata e succo di 1 arancia piccola

300 g/11 oz/1 mandarini di latta media, ben scolati

scorza finemente grattugiata e succo di 1/2 limone

Mescolare margarina, 175 g/3/4 di tazza di zucchero, farina, lievito, uova, scorza d'arancia e succo in un robot da cucina o sbattere con una frusta elettrica fino a che liscio. Tritare grossolanamente i mandarini e piegarli. Versare in uno stampo da torta (teglia) imburrato e foderato da 20 cm/8. Leviga la superficie. Cuocere in forno preriscaldato a 180°C/350°F/Gas 4 per 1 ora e 10 minuti o fino a quando uno stecchino inserito al centro risulta pulito. Raffreddare per 5 minuti, quindi rimuovere dallo stampo e posizionare sulla griglia. Nel frattempo, mescolare lo zucchero rimanente con la scorza di limone e il succo in una pasta. Stendere sopra e lasciare raffreddare.

Torta alle arance

Per una torta da 20 cm/8 pollici

175 g/6 once/¾ tazza di burro o margarina, ammorbidito

175 g/6 once/¾ di tazza di zucchero (molto fine).

2 uova sbattute

225 g/8 oz/2 tazze di farina autolievitante (autolievitante)

Succo e scorza di 1 arancia

60 ml/4 cucchiai di latte

Montare insieme il burro o la margarina e 100 g/½ tazza di zucchero. Aggiungere le uova poco alla volta, quindi unire la farina e la scorza d'arancia grattugiata. Aggiungere abbastanza latte per ottenere una consistenza morbida. Trasforma il composto in una teglia (teglia) da 20 cm/8 unta e foderata e cuoci in forno preriscaldato a 180°C/350°F/gas mark 4 per 1 ora finché non è lievitata e dorata. Sciogliere lo zucchero rimanente nel succo d'arancia. Bucherellare la torta calda con una forchetta e versarvi sopra il composto di succo. Lasciar raffreddare.

Torta alle Pesche

Per una torta da 23 cm/9 pollici

100 g/4 once/½ tazza di burro o margarina, ammorbidito

225 g/8 oz/1 tazza di zucchero fine

3 uova, separate

450 g/1 libbra/4 tazze di farina normale (per tutti gli usi).

Pizzico di sale

5 ml/1 cucchiaino di bicarbonato di sodio

120ml/4oz/½ tazza di latte

Marmellata di pesche da 225 g/8 once/2/3 tazze (in scatola)

Sbattere il burro o la margarina e lo zucchero. A poco a poco sbattere i tuorli, quindi aggiungere la farina e il sale. Mescolare il bicarbonato di sodio con il latte, quindi mescolarlo nell'impasto e poi nella marmellata. Montare a neve ferma gli albumi, quindi unirli al composto. Versare in due stampini da torta (padelle) da 23 cm/9 unti e rivestiti e cuocere in forno preriscaldato a 180°C/350°F/gas mark 4 per 25 minuti fino a quando non saranno ben lievitati ed elastici al tatto.

Torta arancia-marsala

Per una torta da 23 cm/9 pollici

175 g/6 once/1 tazza di uva sultanina (uvetta dorata)

120ml/4oz/½ tazza di Marsala

175 g/6 once/¾ tazza di burro o margarina, ammorbidito

100 g/4 once/½ tazza di zucchero di canna morbido

225 g/8 oz/1 tazza di zucchero fine

3 uova, leggermente sbattute

scorza finemente grattugiata di 1 arancia

5 ml/1 cucchiaino di acqua di fiori d'arancio

275 g/10 oz/2½ tazze di farina (per tutti gli usi)

10 ml/2 cucchiaini di bicarbonato di sodio

Pizzico di sale

375 ml/13 fl oz/1½ tazza di latticello

Glassa al liquore all'arancia

Mettete a bagno l'uva sultanina nel Marsala per una notte. Sbattere il burro o la margarina e gli zuccheri fino a ottenere un composto leggero e spumoso. Sbattere gradualmente le uova, quindi aggiungere la scorza d'arancia e l'acqua di fiori d'arancio. Aggiungere la farina, il bicarbonato di sodio e il sale, alternando con il latticello. Aggiungere l'uvetta ammollata e il marsala. Versare in due tortiere da 23 cm/9 unte e rivestite e cuocere in forno preriscaldato a 180°C/350°F/gas mark 4 per 35 minuti finché non sono elastiche al tatto e iniziano a restringersi dai lati delle lattine. Lasciare raffreddare negli stampini per 10 minuti, quindi posizionare sulla gratella per completare il raffreddamento.

Piegare le torte insieme a metà della glassa al liquore all'arancia, quindi adagiarvi sopra il resto della glassa.

Torta di pesche e pere

Per una torta da 23 cm/9 pollici

175 g/6 once/¾ tazza di burro o margarina, ammorbidito

150 g/5 once/2/3 tazze di zucchero semolato

2 uova, leggermente sbattute

75 g di farina integrale (integrale)

75 g di farina di frumento (per tutti gli usi)

10 ml/2 cucchiaini di lievito per dolci

15 ml/1 cucchiaio di latte

2 pesche, snocciolate (senza semi), sbucciate e tritate

2 pere, sbucciate, private del torsolo e tritate

30 ml/2 cucchiai di zucchero a velo (dolciumi), setacciato

Sbattere il burro o la margarina con lo zucchero fino a ottenere un composto chiaro e spumoso. A poco a poco sbattete le uova, poi aggiungete la farina e il lievito, aggiungendo il latte per ottenere la consistenza di gocce. Aggiungere le pesche e le pere. Versare il composto in una tortiera da 23 cm/9 unta e foderata e cuocere in forno preriscaldato a 190°C/375°F/gas mark 5 per 1 ora, fino a quando non sarà ben lievitato ed elastico al tatto. Lasciare raffreddare nello stampo per 10 minuti, quindi posizionare sulla griglia per completare il raffreddamento. Spolverizzate di zucchero a velo prima di servire.

Torta umida all'ananas

Per una torta da 20 cm/8 pollici

100 g/4 once/½ tazza di burro o margarina

350 g/12 oz/2 tazze di miscele di frutta secca (miscela per torta di frutta)

225 g/8 once/1 tazza di zucchero di canna morbido

5 ml/1 cucchiaino di mix di spezie macinate (torta di mele)

5 ml/1 cucchiaino di bicarbonato di sodio

425 g/15 oz/1 lattina grande di ananas tritato non zuccherato, sgocciolato

225 g/8 oz/2 tazze di farina autolievitante (autolievitante)

2 uova sbattute

Mettere tutti gli ingredienti tranne la farina e le uova nella padella e scaldare delicatamente fino al punto di ebollizione, mescolando bene. Cuocere uniformemente per 3 minuti, quindi lasciare raffreddare completamente la miscela. Aggiungere la farina, quindi aggiungere gradualmente le uova. Trasforma il composto in una teglia da 20 cm/8 unta e foderata e cuoci in forno preriscaldato a 180°C/350°F/gas mark 4 per 1½-1¾ ore fino a quando non sarà ben lievitato e sodo al tatto. Raffreddare in lattina.

Torta di ananas e ciliegie

Per una torta da 20 cm/8 pollici

100 g/4 once/½ tazza di burro o margarina, ammorbidito

100 g/4 oz/1 tazza di zucchero fine

2 uova sbattute

225 g/8 oz/2 tazze di farina autolievitante (autolievitante)

2,5 ml/½ cucchiaino di lievito per dolci

2,5 ml/½ cucchiaino di cannella in polvere

175 g/6 once/1 tazza di uva sultanina (uvetta dorata)

25 g/1 oz/2 cucchiai di ciliegie (candite)

400 g/14 oz/1 lattina grande di ananas, scolata e tritata

30 ml/2 cucchiai di brandy o rum

Zucchero a velo (da pasticcere), setacciato, per spolverare

Sbattere il burro o la margarina con lo zucchero fino a ottenere un composto chiaro e spumoso. A poco a poco sbattete le uova, poi aggiungete la farina, il lievito e la cannella. Mescolare delicatamente il resto degli ingredienti. Versare il composto in una tortiera da 20 cm unta e foderata e cuocere in forno preriscaldato a 160°C/325°F/gas mark 3 per 1 ora e mezza fino a quando uno stecchino inserito al centro risulta pulito. Lasciar raffreddare quindi servire spolverata di zucchero a velo.

Torta natalizia all'ananas

Per una torta da 23 cm/9 pollici

50 g di burro o margarina

100 g/4 once/½ tazza di zucchero semolato

1 uovo, leggermente sbattuto

150g/5oz/1¼ tazza di farina autolievitante (autolievitante)

Pizzico di sale

120ml/4oz/½ tazza di latte

Per la farcitura:

100 g di ananas fresco o in scatola, grattugiato grossolanamente

1 mela commestibile (da dessert), sbucciata, privata del torsolo e grattugiata grossolanamente

120ml/4oz/½ tazza di succo d'arancia

15 ml/1 cucchiaio di succo di limone

100 g/4 once/½ tazza di zucchero semolato

5 ml/1 cucchiaino di cannella in polvere

Sciogli il burro o la margarina, quindi sbatti lo zucchero e l'uovo fino a ottenere un composto spumoso. In alternanza con il latte, mescolare la farina e il sale nell'impasto. Versare in una tortiera da 23 cm/9 unta e foderata e cuocere in forno preriscaldato a 180°C/350°F/gas mark 4 per 25 minuti fino a doratura e consistenza elastica.

Portare a ebollizione tutti gli ingredienti della guarnizione, quindi cuocere a fuoco lento per 10 minuti. Versare sopra la pastella calda e grigliare (cuocere) fino a quando l'ananas inizia a dorare. Raffreddare prima di servire caldo o freddo.

Ananas capovolto

Per una torta da 20 cm/8 pollici

175 g/6 once/¾ tazza di burro o margarina, ammorbidito

175 g/6 once/¾ di tazza di zucchero di canna morbido

400 g/14 oz/1 lattina grande di fette di ananas, sgocciolate e conservate il succo

4 ciliegie glassate (candite), metà

2 uova

100 g/4 oz/1 tazza di farina autolievitante (autolievitante)

Sbattere 75 g/1/3 di tazza di burro o margarina con 75 g/3 oz/1/3 di tazza di zucchero fino a ottenere un composto leggero e spumoso e distribuirlo sul fondo di una tortiera da 20 cm/8 unta. Disporre sopra le fette di ananas e cospargere con le ciliegie, con il lato arrotondato rivolto verso il basso. Montare a crema il burro o la margarina rimanenti con lo zucchero, quindi sbattere gradualmente le uova. Aggiungere la farina e 30 ml/2 cucchiai di succo d'ananas riservato. Guarnire con un cucchiaio di ananas e cuocere in forno preriscaldato a 180°C/350°F/gas mark 4 per 45 minuti fino a quando non diventa sodo al tatto. Lasciare raffreddare nello stampo per 5 minuti, quindi rimuovere con attenzione dallo stampo e posizionare sulla griglia per raffreddare.

Torta all'ananas

Per una torta da 23 cm/9 pollici

225 g/8 once/1 tazza di burro o margarina, ammorbidito

225 g/8 oz/1 tazza di zucchero fine

5 uova

350g/12oz/3 tazze di farina (per tutti gli usi)

100 g / 1 tazza di noci, tritate grossolanamente

100 g di ananas glassato (candito), tritato

Un po' di latte

Sbattere il burro o la margarina con lo zucchero fino a ottenere un composto chiaro e spumoso. A poco a poco sbattere le uova, poi unire la farina, le noci e l'ananas, aggiungendo il latte quanto basta per ottenere la consistenza delle gocce. Versare in una tortiera da 23 cm/9 unta e foderata e cuocere in forno preriscaldato a 150°C/300°F/gas mark 2 per 1 ora e mezza, fino a quando uno stecchino inserito al centro risulta pulito.

Torta di lamponi

Per una torta da 20 cm/8 pollici

100 g/4 once/½ tazza di burro o margarina, ammorbidito

200g/7oz/piccola 1 tazza di zucchero fine

2 uova, leggermente sbattute

250 ml/8 fl oz/1 tazza di panna acida (da latte).

5 ml/1 cucchiaino di essenza di vaniglia (estratto)

250 g/9 once/2¼ tazze di farina normale (per tutti gli usi).

5 ml/1 cucchiaino di lievito in polvere

5 ml/1 cucchiaino di bicarbonato di sodio

5 ml/1 cucchiaino di cacao in polvere (cioccolato non zuccherato)

2,5 ml/½ cucchiaino di sale

100 g di lamponi surgelati freschi o scongelati

Per la farcitura:

30 ml/2 cucchiai di zucchero fine (molto fine).

5 ml/1 cucchiaino di cannella in polvere

Sbattere il burro o la margarina e lo zucchero. A poco a poco sbattere le uova, poi la panna e l'essenza di vaniglia. Aggiungere la farina, il lievito, il bicarbonato, il cacao e il sale. Aggiungi i lamponi. Mettetene un cucchiaio in una tortiera imburrata del diametro di 20 cm/8. Mescolare lo zucchero e la cannella e cospargere la parte superiore della torta. Cuocere in forno preriscaldato a 200°C/400°F/Gas 4 per 35 minuti, fino a doratura e lo spiedino al centro risulta pulito. Cospargere con lo zucchero mescolato con la cannella.

Torta al rabarbaro

Per una torta da 20 cm/8 pollici

225 g/8 oz/2 tazze di farina integrale (integrale)

10 ml/2 cucchiaini di lievito per dolci

10 ml/2 cucchiaini di cannella in polvere

45 ml/3 cucchiai di miele puro

175 g/6 once/1 tazza di uva sultanina (uvetta dorata)

2 uova

150 ml/¼ pt/2/3 tazza di latte

225 g di rabarbaro, tritato

30 ml/2 cucchiai di zucchero demerara

Mescolare tutti gli ingredienti tranne il rabarbaro e lo zucchero. Mescolare il rabarbaro e versarlo in uno stampo a cerniera da 20 cm/8 imburrato e infarinato. Cospargere di zucchero. Cuocere in forno preriscaldato a 180°C/350°F/Gas 4 per 45 minuti fino a quando la pasta non sarà compatta. Lasciare raffreddare nella teglia per 10 minuti prima di scartare.

Torta al rabarbaro e miele

Produce due biscotti da 450g/1lb

250 g/9 oz/2/3 tazza di miele chiaro

120ml/4oz/½ tazza di olio

1 uovo, leggermente sbattuto

15 ml/1 cucchiaio di bicarbonato di sodio (bicarbonato di sodio)

150 ml/¼ pt/2/3 tazza di yogurt bianco

75 ml/5 cucchiai d'acqua

350g/12oz/3 tazze di farina (per tutti gli usi)

10 ml/2 cucchiaini di sale

350 g di rabarbaro, tritato finemente

5 ml/1 cucchiaino di essenza di vaniglia (estratto)

50 g/2 once/½ tazza di noci miste tritate

Per la farcitura:
75 g/3 once/1/3 di tazza di zucchero di canna morbido

5 ml/1 cucchiaino di cannella in polvere

15 ml/1 cucchiaio di burro o margarina fusa

Mescolare il miele e l'olio, quindi sbattere l'uovo. Mescolare il bicarbonato di sodio con lo yogurt e l'acqua finché non si sciolgono. Mescolare la farina con il sale e aggiungere al composto di miele alternando con lo yogurt. Aggiungere il rabarbaro, l'essenza di vaniglia e le noci. Versare in due stampi (padelle) imburrati e foderati del peso di 450 g/1 lb. Mescolare gli ingredienti per la copertura e cospargere i biscotti. Cuocere in forno preriscaldato a 160°C/325°F/gas mark 3 per 1 ora, fino a quando non è sodo al tatto e dorato in superficie. Lasciare raffreddare negli stampini per 10 minuti, quindi posizionare sulla gratella per completare il raffreddamento.

Torta di barbabietole

Per una torta da 20 cm/8 pollici

250g/9oz/1¼ tazza di farina normale (per tutti gli usi).

15 ml/1 cucchiaio di lievito in polvere

5 ml/1 cucchiaino di cannella in polvere

Pizzico di sale

Olio da 150 ml/8 once/1 tazza

300 g/11 oz/11/3 tazze di zucchero fine

3 uova, separate

150 g di barbabietole crude, sbucciate e grattugiate grossolanamente

150 g di carote, grattugiate grossolanamente

100 g/4 once/1 tazza di noci miste tritate

Mescolare la farina, il lievito, la cannella e il sale. Sbattere l'olio e lo zucchero. Sbattere i tuorli, le barbabietole, le carote e le noci. Montare gli albumi a neve ben ferma, quindi utilizzare un cucchiaio di metallo per aggiungere al composto. Versare il composto in una teglia (teglia) da 20 cm unta e foderata e cuocere in forno preriscaldato a 180°C/350°F/gas mark 4 per 1 ora fino a quando diventa elastica al tatto.

Torta di carote e banane

Per una torta da 20 cm/8 pollici

175 g di carote, grattugiate

2 banane, schiacciate

75 g/3 once/½ tazza di uva sultanina (uvetta dorata)

50 g/2 once/½ tazza di noci miste tritate

175 g/6 once/1½ tazza di farina autolievitante

5 ml/1 cucchiaino di lievito in polvere

5 ml/1 cucchiaino di mix di spezie macinate (torta di mele)

Succo e scorza di 1 arancia

2 uova sbattute

75g/3oz/1/2 tazza di zucchero muscovado leggero

100 ml/31/2 fl oz/confezione 1/2 tazza di olio di semi di girasole

Mescolare tutti gli ingredienti fino a quando ben combinati. Versare in una teglia (teglia) da 20 cm/8 unta e foderata e cuocere in forno preriscaldato a 180°C/350°F/gas mark 4 per 1 ora, fino a quando uno spiedino inserito al centro risulta pulito.

Carote e torta di mele

Per una torta da 23 cm/9 pollici

250 g/9 oz/2¼ tazze di farina autolievitante (autolievitante).

5 ml/1 cucchiaino di bicarbonato di sodio

5 ml/1 cucchiaino di cannella in polvere

175 g/6 once/¾ di tazza di zucchero di canna morbido

scorza finemente grattugiata di 1 arancia

3 uova

200 ml/7 fl oz/piccola 1 tazza di olio

150 g di mele (da dessert), sbucciate, private del torsolo e grattugiate

150 g di carote, grattugiate

100 g/2/3 tazza di albicocche secche pronte al consumo, tritate

100 g / 1 tazza di noci pecan o noci, tritate

Mescolate la farina, il bicarbonato e la cannella, poi aggiungete lo zucchero e la scorza d'arancia. Sbattere le uova nell'olio, quindi unire la mela, la carota e due terzi delle albicocche e delle noci. Aggiungere il composto di farina e versarlo in uno stampo da torta imburrato e foderato di 23 cm/9. Cospargere con le restanti albicocche e noci tritate. Cuocere in forno preriscaldato a 180°C/350°F/Gas 4 per 30 minuti, finché non diventano elastici al tatto. Lasciare raffreddare nello stampo, quindi posizionarlo sulla griglia per completare il raffreddamento.

Torta di carote e cannella

Per una torta da 20 cm/8 pollici

100 g / 1 tazza di farina integrale (integrale)

100 g/4 once/1 tazza di farina semplice (per tutti gli usi).

15 ml/1 cucchiaio di cannella in polvere

5 ml/1 cucchiaino di noce moscata grattugiata

10 ml/2 cucchiaini di lievito per dolci

100 g/4 once/½ tazza di burro o margarina

100g/4oz/1/3 di tazza di miele puro

100 g/4 once/½ tazza di zucchero di canna morbido

225 g / 8 once di carote, grattugiate

In una ciotola mescolate la farina, la cannella, la noce moscata e il lievito. Sciogliere il burro o la margarina con il miele e lo zucchero, quindi mescolare con la farina. Aggiungere le carote e mescolare bene. Versare in una teglia (padella) unta e foderata da 20 cm e cuocere in forno preriscaldato a 160°C/325°F/gas mark 3 per 1 ora, fino a quando uno spiedino centrato non esce pulito. Lasciare raffreddare nello stampo per 10 minuti, quindi posizionare sulla griglia per completare il raffreddamento.

Torta di carote e zucchine

Per una torta da 23 cm/9 pollici

2 uova

175 g/6 once/¾ di tazza di zucchero di canna morbido

100 g di carote, grattugiate

50 g di zucchine grattugiate

75 ml/5 cucchiai di olio

225 g/8 oz/2 tazze di farina autolievitante (autolievitante)

2,5 ml/½ cucchiaino di lievito per dolci

5 ml/1 cucchiaino di mix di spezie macinate (torta di mele)

torta alla crema di formaggio

Mescolare uova, zucchero, carote, zucchine e olio. Mescolare la farina, il lievito e il condimento misto e mescolare fino a ottenere un impasto liscio. Versare in una teglia a cerniera da 23 cm/9 unta e foderata e cuocere in forno preriscaldato a 180°C/350°F/gas mark 4 per 30 minuti, fino a quando uno stecchino inserito al centro risulta pulito. Lasciare raffreddare, quindi spalmare con la copertura di formaggio.

Torta di carote e zenzero

Per una torta da 20 cm/8 pollici

175 g/6 once/2/3 tazza di burro o margarina

Sciroppo di mais dorato (leggero) da 100 g/4 once/1/3 di tazza

120ml/4oz/½ tazza di acqua

100 g/4 once/½ tazza di zucchero di canna morbido

150 g di carote, grattugiate grossolanamente

5 ml/1 cucchiaino di bicarbonato di sodio

200 g/7 oz/1¾ tazza di farina (per tutti gli usi)

100 g/4 oz/1 tazza di farina autolievitante (autolievitante)

5 ml/1 cucchiaino di zenzero macinato

Pizzico di sale

Per la glassa (glassa):
175g/6oz/1 tazza di zucchero a velo (da pasticcere), setacciato

5 ml/1 cucchiaino di burro o margarina, ammorbidito

30 ml/2 cucchiai di succo di limone

Sciogliere il burro o la margarina con lo sciroppo, l'acqua e lo zucchero, quindi portare a ebollizione. Togliere dal fuoco e aggiungere le carote e il bicarbonato di sodio. Lasciar raffreddare. Mescolare la farina, lo zenzero e il sale, versare in una tortiera unta (teglia) e cuocere in forno preriscaldato a 180°C/350°F/gas mark 4 per 45 minuti, fino a quando non diventa gonfio e gonfio. tocco. Uscite e fate raffreddare.

Mescolare lo zucchero a velo con il burro o la margarina e abbastanza succo di limone per fare una glassa cremosa. Tagliare la torta a metà orizzontalmente, quindi utilizzare metà della glassa per sovrapporre la torta e condire o spalmare il resto sopra.

Torta di carote e noci

Fa una torta da 18 cm / 7 pollici

2 uova grandi, separate

150 g/5 once/2/3 tazze di zucchero semolato

225 g / 8 once di carote, grattugiate

150 g/5 once/1¼ di tazza di noci miste tritate

10 ml/2 cucchiaini di scorza di limone grattugiata

50 g/2 oz/½ tazza di farina normale (per tutti gli usi).

2,5 ml/½ cucchiaino di lievito per dolci

Mescolare i tuorli e lo zucchero fino a ottenere un composto denso e cremoso. Aggiungere le carote, le noci e la scorza di limone, aggiungere la farina e il lievito. Montare gli albumi fino a formare degli spiedini morbidi, quindi unirli al composto. Trasformare in una tortiera quadrata da 19 cm/7 imburrata (padella). Cuocere in forno preriscaldato a 180°C/350°F/Gas 4 per 40-45 minuti fino a quando uno stecchino inserito al centro risulta pulito.

Torta di carote, arance e noci

Per una torta da 20 cm/8 pollici

100 g/4 once/½ tazza di burro o margarina, ammorbidito

100 g/4 once/½ tazza di zucchero di canna morbido

5 ml/1 cucchiaino di cannella in polvere

5 ml/1 cucchiaino di buccia d'arancia grattugiata

2 uova, leggermente sbattute

15 ml/1 cucchiaio di succo d'arancia

100 g di carota grattugiata finemente

50 g/2 once/½ tazza di noci miste tritate

225 g/8 oz/2 tazze di farina autolievitante (autolievitante)

5 ml/1 cucchiaino di lievito in polvere

Sbattere il burro o la margarina, lo zucchero, la cannella e la scorza d'arancia fino a ottenere un composto chiaro e spumoso. Sbattere gradualmente le uova e il succo d'arancia, quindi aggiungere le carote, le noci, la farina e il lievito. Versare in una teglia (padella) unta e foderata da 20 cm/8 e cuocere in forno preriscaldato a 180°C/350°F/gas mark 4 per 45 minuti fino a quando diventa elastica al tatto.

Torta di carote, ananas e cocco

A 25 cm/10 nell'impasto

3 uova

350g/12oz/1½ tazze di zucchero fine

300 ml/½ pt/1¼ tazza di olio

5 ml/1 cucchiaino di essenza di vaniglia (estratto)

225 g/8 once/2 tazze di farina normale (per tutti gli usi).

5 ml/1 cucchiaino di bicarbonato di sodio

10 ml/2 cucchiaini di cannella in polvere

5 ml/1 cucchiaino di sale

225 g / 8 once di carote, grattugiate

100 g di ananas in scatola, scolati e tritati

100 g / 1 tazza di cocco essiccato (triturato).

100 g/4 once/1 tazza di noci miste tritate

Zucchero a velo (da pasticcere), setacciato, per spolverare

Sbattere le uova, lo zucchero, l'olio e l'essenza di vaniglia. Mescolare la farina, il bicarbonato di sodio, la cannella e il sale e sbattere gradualmente fino a quando non sono combinati. Aggiungere le carote, l'ananas, il cocco e le noci. Versare in uno stampo a cerniera da 25 cm/10 cm imburrato e infarinato e cuocere in forno preriscaldato a 160°C/325°F/gas mark 3 per 1¼ ore fino a quando uno spiedino centrale risulta pulito. Lasciare raffreddare nello stampo per 10 minuti, quindi posizionare sulla griglia per completare il raffreddamento. Spolverizzate di zucchero a velo prima di servire.

Torta di carote e pistacchio

Per una torta da 23 cm/9 pollici

100 g/4 once/½ tazza di burro o margarina, ammorbidito

100 g/4 once/½ tazza di zucchero semolato

2 uova

225 g/8 once/2 tazze di farina normale (per tutti gli usi).

5 ml/1 cucchiaino di bicarbonato di sodio

5 ml/1 cucchiaino di cardamomo macinato

225 g / 8 once di carote, grattugiate

50 g/2 oz/½ tazza di pistacchi tritati

50g/2oz/½ tazza di mandorle tritate

100 g/4 once/2/3 tazze di uva sultanina (uvetta dorata)

Sbattere il burro o la margarina con lo zucchero fino a ottenere un composto chiaro e spumoso. Sbattere gradualmente le uova, sbattendo bene dopo ogni aggiunta, quindi aggiungere la farina, il bicarbonato e il cardamomo. Aggiungere le carote, le noci, le mandorle tritate e l'uvetta. Versare il composto in una tortiera da 23 cm unta e foderata e cuocere in forno preriscaldato a 180°C/350°F/Gas 4 per 40 minuti fino a quando non sarà ben lievitata, dorata ed elastica al tatto.

Torta di carote e noci

Per una torta da 23 cm/9 pollici

200 ml/7 fl oz/piccola 1 tazza di olio

4 uova

225 g/8 oz/2/3 tazza di miele chiaro

225 g/8 oz/2 tazze di farina integrale (integrale)

10 ml/2 cucchiaini di lievito per dolci

2,5 ml/½ cucchiaino di bicarbonato di sodio (bicarbonato di sodio)

Pizzico di sale

5 ml/1 cucchiaino di essenza di vaniglia (estratto)

175 g di carote, grattugiate grossolanamente

175 g/6 once/1 tazza di uvetta

100 g / 1 tazza di noci tritate finemente

Mescolare olio, uova e miele. Mescolare gradualmente tutti gli altri ingredienti e sbattere fino a quando non saranno ben combinati. Versare in uno stampo a cerniera da 23 cm/9 imburrato e infarinato in una tortiera e cuocere in forno preriscaldato a 180°C/350°F/gas mark 4 per 1 ora, fino a quando uno stecchino inserito al centro risulta pulito.

Torta di carote speziata

Fa una torta da 18 cm / 7 pollici

175g/6oz/1 tazza di datteri

120ml/4oz/½ tazza di acqua

175 g/6 once/¾ tazza di burro o margarina, ammorbidito

2 uova, leggermente sbattute

225 g/8 oz/2 tazze di farina autolievitante (autolievitante)

175 g di carota finemente grattugiata

25g/1oz/¼ di tazza di mandorle tritate

Scorza grattugiata di 1 arancia

2,5 ml/½ cucchiaino di mix di spezie macinate (torta di mele)

2,5 ml/½ cucchiaino di cannella in polvere

2,5 ml/½ cucchiaino di zenzero macinato

Per la glassa (glassa):

350g/12oz/1½ tazza di ricotta

25 g/2 cucchiai di burro o margarina ammorbiditi

Scorza grattugiata di 1 arancia

Mettere i datteri e l'acqua in una piccola casseruola, portare a ebollizione, quindi cuocere per 10 minuti finché sono teneri. Rimuovere ed eliminare i noccioli, quindi tritare finemente i datteri. Mescolare i datteri e il liquido, il burro o la margarina e le uova fino a ottenere una crema. Piegare in tutti gli altri ingredienti della pasta. Versare il composto in una tortiera da 18 cm unta e foderata e cuocere in forno preriscaldato a 180°C/350°F/gas mark 4 per 1 ora, fino a quando uno stecchino inserito al centro risulta pulito. Lasciare raffreddare nello stampo per 10 minuti, quindi posizionare sulla griglia per completare il raffreddamento.

Per preparare la glassa, sbattere tutti gli ingredienti fino ad ottenere una consistenza spalmabile, aggiungendo un po' più di succo d'arancia o acqua se necessario. Tagliare la torta a metà orizzontalmente, unire gli strati con metà della glassa e adagiarvi sopra il resto.

Torta di carote e zucchero di canna

Fa una torta da 18 cm / 7 pollici

5 uova, separate

200 g / 7 once / meno 1 tazza di zucchero di canna morbido

15 ml/1 cucchiaio di succo di limone

300 g/10 once di carote, grattugiate

225 g/8 oz/2 tazze di mandorle tritate

25 g/1 oz/¼ di tazza di farina integrale (integrale)

5 ml/1 cucchiaino di cannella in polvere

25 g/2 cucchiai di burro o margarina fusa

25 g/1 oz/2 cucchiai di zucchero fine (molto fine).

30 ml/2 cucchiai di panna singola (leggera).

75 g/3 once/¾ di tazza di noci miste tritate

Sbattere i tuorli fino a renderli spumosi, aggiungere lo zucchero fino a che liscio, quindi aggiungere il succo di limone. Aggiungere un terzo delle carote, poi un terzo delle mandorle e continuare così fino a quando non saranno tutte unite. Aggiungere la farina e la cannella. Montare a neve ferma gli albumi, quindi unirli al composto con un cucchiaio di metallo. Trasforma in una tortiera profonda 18 cm/7 imburrata e foderata e cuoci in forno preriscaldato a 180°C/350°F/gas mark 4 per 1 ora. Coprire la torta con carta da forno (oleata) e ridurre la temperatura del forno a 160°C / 325°F / gas mark 3 per altri 15 minuti, o fino a quando la torta si restringe leggermente dai lati della teglia e il centro è ancora umido. Lasciare la torta nello stampo fino a quando non si scalda, quindi sformare per completare il raffreddamento.

Unire il burro fuso o la margarina, lo zucchero, la panna e le noci, versare sopra l'impasto e cuocere su una griglia media (grill) fino a doratura.

Torta di zucchine e zucca

Per una torta da 20 cm/8 pollici

225 g/8 oz/1 tazza di zucchero fine

2 uova sbattute

120ml/4oz/½ tazza di olio

100 g/4 once/1 tazza di farina semplice (per tutti gli usi).

5 ml/1 cucchiaino di lievito in polvere

2,5 ml/½ cucchiaino di bicarbonato di sodio (bicarbonato di sodio)

2,5 ml/½ cucchiaino di sale

100 g di zucchine grattugiate

100 g di ananas tritato

50 g/2 once/½ tazza di noci, tritate

5 ml/1 cucchiaino di essenza di vaniglia (estratto)

Sbattere lo zucchero e le uova fino a renderle chiare e ben amalgamate. Aggiungere l'olio, poi gli ingredienti secchi. Aggiungere le zucchine, l'ananas, le noci e l'essenza di vaniglia. Versare in una teglia a cerniera da 20 cm/8 imburrata e infarinata e cuocere in forno preriscaldato a 180°C/350°F/gas mark 4 per 1 ora, finché uno spiedino centrale non esce pulito. Lasciare raffreddare nello stampo per 30 minuti, quindi posizionare sulla gratella per completare il raffreddamento.

Torta di zucchine e arancia

A 25 cm/10 nell'impasto

225 g/8 once/1 tazza di burro o margarina, ammorbidito

450 g/2 tazze di zucchero di canna morbido

4 uova, leggermente sbattute

275 g/10 oz/2½ tazze di farina (per tutti gli usi)

15 ml/1 cucchiaio di lievito in polvere

2,5 ml/½ cucchiaino di sale

5 ml/1 cucchiaino di cannella in polvere

2,5 ml/½ cucchiaino di noce moscata grattugiata

Un pizzico di chiodi di garofano macinati

Scorza grattugiata e succo di 1 arancia

225 g/8 once/2 tazze di zucchine (zucchine), grattugiate

Sbattere il burro o la margarina con lo zucchero fino a ottenere un composto chiaro e spumoso. A poco a poco sbattete le uova, poi aggiungete la farina, il lievito, il sale e le spezie alternandole con la buccia e il succo dell'arancia. Aggiungi le zucchine. Versare in una teglia (padella) unta e foderata di 25 cm/10 e cuocere in forno preriscaldato a 180°C/350°F/gas mark 4 per 1 ora, fino a doratura e elastica al tatto. Se la parte superiore inizia a dorare verso la fine della cottura, coprire con carta da forno (oleata).

Torta di zucchine speziata

A 25 cm/10 nell'impasto

350g/12oz/3 tazze di farina (per tutti gli usi)

10 ml/2 cucchiaini di lievito per dolci

7,5 ml/1½ cucchiaino di cannella in polvere

5 ml/1 cucchiaino di bicarbonato di sodio

2,5 ml/½ cucchiaino di sale

8 albumi d'uovo

450 g/1 lb/2 tazze di zucchero semolato

100 g / 1 tazza di purea di mele (salsa)

120 ml/4 once/½ tazza di latticello

15 ml/1 cucchiaio di essenza di vaniglia (estratto)

5 ml/1 cucchiaino di buccia d'arancia finemente grattugiata

350 g / 3 tazze di zucchine (zucchine), grattugiate

75 g/3 once/¾ tazza di noci, tritate

Per la farcitura:
100 g/4 once/½ tazza di formaggio cremoso

25 g/2 cucchiai di burro o margarina ammorbiditi

5 ml/1 cucchiaino di buccia d'arancia finemente grattugiata

10 ml/2 cucchiaini di succo d'arancia

350g/12oz/2 tazze di zucchero a velo (da pasticcere), setacciato

Mescolare gli ingredienti secchi. Sbattere gli albumi fino a formare delle cime morbide. Sbattere lentamente lo zucchero, quindi la purea di mele, il latticello, l'essenza di vaniglia e la scorza d'arancia. Aggiungere la farina, poi le zucchine e le noci. Versare in uno stampo a cerniera da 25 cm/10 cm imburrato e infarinato e cuocere in forno preriscaldato a 150°C/300°F/Gas 2 per 1 ora fino a quando uno stecchino inserito al centro risulta pulito. Lasciar raffreddare nello stampo.

Mescolare tutti gli ingredienti per la copertura fino a renderli omogenei, aggiungendo abbastanza zucchero per ottenere una consistenza spalmabile. Stendere sull'impasto freddo.

torta alla zucca

Per una torta di 23 x 33 cm/9 x 13 cm

450 g/1 lb/2 tazze di zucchero semolato

4 uova sbattute

375 ml/13 fl oz/1½ tazza di olio

350g/12oz/3 tazze di farina (per tutti gli usi)

15 ml/1 cucchiaio di lievito in polvere

10 ml/2 cucchiaini di bicarbonato di sodio

10 ml/2 cucchiaini di cannella in polvere

2,5 ml/½ cucchiaino di zenzero macinato

Pizzico di sale

225 g di zucca cotta a dadini

100 g / 1 tazza di noci, tritate

Sbattere lo zucchero e le uova fino a quando non saranno ben amalgamati, quindi sbattere l'olio. Mescolare il resto degli ingredienti. Versare in una teglia da 23 x 33 cm/9 x 13 unta e infarinata e cuocere in forno preriscaldato a 180°C/350°F/gas mark 4 per 1 ora, fino a quando lo spiedino centrale non esce pulito.

Torta alla frutta di zucca

Per una torta da 20 cm/8 pollici

100 g/4 once/½ tazza di burro o margarina, ammorbidito

150 g / 5 once / 2/3 tazza di zucchero di canna morbido

2 uova, leggermente sbattute

225 g / 8 oz di zucca cotta a freddo

30 ml/2 cucchiai di sciroppo di mais dorato (leggero).

225g/8oz 1/1/3 tazza miscele di frutta secca (miscela per torta di frutta)

225 g/8 oz/2 tazze di farina autolievitante (autolievitante)

50 g/2 once/½ tazza di crusca

Sbattere il burro o la margarina con lo zucchero fino a ottenere un composto chiaro e spumoso. A poco a poco sbattere le uova, quindi aggiungere il resto degli ingredienti. Versare in una teglia (teglia) da 20 cm/8 unta e foderata e cuocere in forno preriscaldato a 160°C/325°F/gas mark 3 per 1¼ ore fino a quando uno stecchino inserito al centro risulta pulito.

Rotolo di zucca condito

un rotolo 30cm/12

75 g di farina di frumento (per tutti gli usi)

5 ml/1 cucchiaino di bicarbonato di sodio

5 ml/1 cucchiaino di zenzero macinato

2,5 ml/½ cucchiaino di noce moscata grattugiata

10 ml/2 cucchiaini di cannella in polvere

Pizzico di sale

1 uovo

225 g/8 oz/1 tazza di zucchero fine

100 g di zucca bollita, a dadini

5 ml/1 cucchiaino di succo di limone

4 albumi d'uovo

50 g/2 once/½ tazza di noci, tritate

50g/2oz/1/3 di tazza di zucchero a velo (da pasticcere), setacciato

Per il ripieno:
175g/6oz/1 tazza di zucchero a velo (da pasticcere), setacciato

100 g/4 once/½ tazza di formaggio cremoso

2,5 ml/½ cucchiaino di essenza di vaniglia (estratto)

Mescolare la farina, il bicarbonato di sodio, le spezie e il sale. Sbattere l'uovo fino a renderlo denso e chiaro, quindi sbattere lo zucchero fino a renderlo chiaro e cremoso. Aggiungere la zucca e il succo di limone. Aggiungere il composto di farina. In una ciotola pulita, sbattere gli albumi a neve. Mettere nell'impasto e stendere in una forma di rotolo 30 x 12 cm/12 x 8 imburrata e foderata (padella per gelatina) e cospargere di noci. Cuocere in forno preriscaldato a 190°C/375°F/Gas 5 per 10 minuti fino a quando non diventano elastici al tatto. Setacciare lo zucchero a velo su un canovaccio pulito (canovaccio) e adagiare l'impasto su un canovaccio. Rimuovere la carta da rivestimento e arrotolare la torta e l'asciugamano, quindi lasciare raffreddare.

Per fare il ripieno, sbattere gradualmente lo zucchero con la crema di formaggio e l'essenza di vaniglia fino ad ottenere un composto spalmabile. Srotolate la pasta e spalmate sopra il ripieno. Arrotolate nuovamente e mettete in frigo prima di servire, spolverizzate con un po' di zucchero a velo.

Torta al miele e rabarbaro

Produce due biscotti da 450g/1lb

250g/9oz/¾ tazza di miele puro

100ml/4oz/½ tazza di olio

1 uovo

5 ml/1 cucchiaino di bicarbonato di sodio

60 ml/4 cucchiai d'acqua

350 g / 3 tazze di farina integrale (integrale)

10 ml/2 cucchiaini di sale

350 g di rabarbaro, tritato finemente

5 ml/1 cucchiaino di essenza di vaniglia (estratto)

50 g/2 once/½ tazza di noci miste tritate (opzionale)

Per la farcitura:
75g/3oz/1/3 di tazza di zucchero muscovado

5 ml/1 cucchiaino di cannella in polvere

15 g/½ oz/1 cucchiaio di burro o margarina, ammorbidito

Mescolare miele e olio. Aggiungere l'uovo e sbattere bene. Aggiungere il bicarbonato di sodio all'acqua e lasciarlo sciogliere. Mescolare farina e sale. Aggiungere al mix di miele alternato al bicarbonato del mix di soda. Aggiungi rabarbaro, essenza di vaniglia e noci, se lo usi. Versare in due stampi unti (padelle) del peso di 450 g, mescolare gli ingredienti della guarnizione e spalmare sulla massa della torta. Cuocere in forno preriscaldato a 180°C/350°F/Gas 4 per 1 ora, finché non diventa elastico al tatto.

Torta di patate dolci

Per una torta da 23 cm/9 pollici

300 g/11 oz/2¾ tazze di farina (per tutti gli usi)

15 ml/1 cucchiaio di lievito in polvere

5 ml/1 cucchiaino di cannella in polvere

5 ml/1 cucchiaino di noce moscata grattugiata

Pizzico di sale

350 g/12 oz/1 tazza di zucchero (molto fine).

375 ml/13 fl oz/1½ tazza di olio

60 ml/4 cucchiai di acqua bollita

4 uova, separate

225 g di patate dolci, sbucciate e grattugiate grossolanamente

100 g/4 once/1 tazza di noci miste tritate

5 ml/1 cucchiaino di essenza di vaniglia (estratto)

Per la glassa (glassa):
225 g/8 once/11/3 tazze di zucchero a velo (da pasticcere), setacciato

50 g/2 once/¼ di tazza di burro o margarina, ammorbiditi

Formaggio cremoso medio 250g/9oz/1

50 g/2 once/½ tazza di noci miste tritate

Un pizzico di cannella in polvere per spolverare

Mescolare la farina, il lievito, la cannella, la noce moscata e il sale. Sbattere lo zucchero e l'olio, quindi aggiungere l'acqua bollente e sbattere fino a quando non saranno ben amalgamati. Aggiungere i tuorli e il composto di farina e mescolare fino a quando non saranno ben amalgamati. Aggiungere le patate dolci, le noci e l'essenza di vaniglia. Montare a neve ferma gli albumi, quindi unirli al composto. Versare in due teglie da 23 cm/9 unte e infarinate e cuocere in forno preriscaldato a 180°C/350°F/gas mark 4 per 40 minuti fino a quando non diventa elastico al tatto. Lasciare raffreddare negli stampini per 5 minuti, quindi posizionare sulla gratella per completare il raffreddamento.

Mescolare lo zucchero a velo, il burro o la margarina e metà della crema di formaggio. Distribuire metà del formaggio rimanente su una torta, quindi spalmare con la glassa. Passare i biscotti insieme. Distribuire sopra la restante crema di formaggio e cospargere con noci e cannella prima di servire.

Torta di mandorle italiana

Per una torta da 20 cm/8 pollici

1 uovo

150 ml/¼ pt/2/3 tazza di latte

2,5 ml/½ cucchiaino di essenza di mandorle (estratto)

45 ml/3 cucchiai di burro, sciolto

350g/12oz/3 tazze di farina (per tutti gli usi)

100 g/4 once/½ tazza di zucchero semolato

10 ml/2 cucchiaini di lievito per dolci

2,5 ml/½ cucchiaino di sale

1 albume d'uovo

100 g/1 tazza di mandorle tritate

Sbattere l'uovo in una ciotola, quindi aggiungere gradualmente il latte, l'essenza di mandorle e il burro fuso, continuando a sbattere. Aggiungere la farina, lo zucchero, il lievito e il sale e continuare a mescolare fino a che liscio. Mettere un cucchiaio in una teglia unta e foderata di 20 cm/8 in una teglia a cerniera (teglia). Sbattere gli albumi fino a renderli spumosi, quindi spennellare generosamente la parte superiore della torta e cospargere di mandorle. Cuocere in forno a 220°C/425°F/gas mark 7 per 25 minuti, finché non diventano dorati ed elastici al tatto.

Torta di mandorle e caffè

Per una torta da 23 cm/9 pollici

8 uova, separate

175 g/6 once/¾ di tazza di zucchero (molto fine).

60 ml/4 cucchiai di caffè nero forte

175g/6oz/1½ tazza di mandorle tritate

45 ml/3 cucchiai di semolino (crema di grano)

100 g/4 once/1 tazza di farina semplice (per tutti gli usi).

Sbattere i tuorli e lo zucchero fino a ottenere un composto molto denso e cremoso. Aggiungere il caffè, le mandorle tritate e il semolino e sbattere bene. Aggiungere la farina. Montare a neve ferma gli albumi, quindi unirli al composto. Versare in uno stampo per dolci da 23 cm/9 in unto (teglia) e cuocere in forno preriscaldato a 180°C/350°F/gas mark 4 per 45 minuti fino a quando diventa elastico al tatto.

Torta di mandorle e miele

Per una torta da 20 cm/8 pollici

225 g / 8 once di carote, grattugiate

75 g di mandorle tritate

2 uova sbattute

100ml/4oz/½ tazza di miele puro

60 ml/4 cucchiai di olio

150 ml/¼ pt/2/3 tazza di latte

150g/5oz/1¼ tazza di farina integrale (integrale)

10 ml/2 cucchiaini di sale

10 ml/2 cucchiaini di bicarbonato di sodio

15 ml/1 cucchiaio di cannella in polvere

Mescolare carote e noci. Sbattere le uova con il miele, l'olio e il latte, quindi unire alle carote. Mescolare farina, sale, bicarbonato e cannella e mescolare con le carote. Versare il composto in una tortiera quadrata da 20 cm/8 unta e foderata e cuocere in forno preriscaldato a 150°C/300°F/gas mark 2 per 1¾ ore fino a quando uno spiedino centrale risulta pulito. Lasciare raffreddare nella teglia per 10 minuti prima di scartare.

Torta di mandorle e limone

Per una torta da 23 cm/9 pollici

25 g / 1 oz / ¼ di tazza di mandorle a scaglie (affettate).

100 g/4 once/½ tazza di burro o margarina, ammorbidito

100 g/4 once/½ tazza di zucchero di canna morbido

2 uova sbattute

100 g/4 oz/1 tazza di farina autolievitante (autolievitante)

Scorza grattugiata di 1 limone

Per lo sciroppo:

75g/3oz/1/3 di tazza (molto fine) di zucchero

45-60 ml/3-4 cucchiai di succo di limone

Imburrate e foderate uno stampo a cerniera da 23 cm/9 e cospargete il fondo con le mandorle. Sbattere il burro e lo zucchero di canna. Sbattete le uova una alla volta, poi aggiungete la farina e la scorza di limone. Mettere il cucchiaio nello stampo preparato e livellare la superficie. Cuocere in forno preriscaldato a 180°C/350°F/Gas 4 per 20-25 minuti, finché non saranno ben lievitati ed elastici al tatto.

Nel frattempo, scaldare lo zucchero a velo e il succo di limone in una padella, mescolando di tanto in tanto, finché lo zucchero non si scioglie. Togliere la torta dal forno e lasciarla raffreddare per 2 minuti, quindi posizionarla capovolta sulla gratella. Versare sopra lo sciroppo, quindi mettere da parte a raffreddare completamente.

Torta di Mandorle all'Arancia

Per una torta da 20 cm/8 pollici

225 g/8 once/1 tazza di burro o margarina, ammorbidito

225 g/8 oz/1 tazza di zucchero fine

4 uova, separate

225 g/8 once/2 tazze di farina normale (per tutti gli usi).

10 ml/2 cucchiaini di lievito per dolci

50g/2oz/½ tazza di mandorle tritate

5 ml/1 cucchiaino di buccia d'arancia grattugiata

Sbattere il burro o la margarina con lo zucchero fino a ottenere un composto chiaro e spumoso. Sbattete i tuorli, aggiungete la farina, il lievito, le mandorle tritate e la scorza d'arancia. Montare gli albumi a neve ben ferma, quindi utilizzare un cucchiaio di metallo per aggiungere al composto. Versare in una teglia (teglia) da 20 cm/8 unta e foderata e cuocere in forno preriscaldato a 180°C/350°F/gas mark 4 per 1 ora, fino a quando uno spiedino inserito al centro risulta pulito.

Ricca Torta Di Mandorle

Fa una torta da 18 cm / 7 pollici

100 g/4 once/½ tazza di burro o margarina, ammorbidito

150 g/5 once/2/3 tazze di zucchero semolato

3 uova, leggermente sbattute

75g/3oz/¾ tazza di mandorle tritate

50 g/2 oz/½ tazza di farina normale (per tutti gli usi).

Qualche goccia di essenza di mandorla (estratto)

Sbattere il burro o la margarina con lo zucchero fino a ottenere un composto chiaro e spumoso. A poco a poco sbattere le uova, quindi aggiungere le mandorle tritate, la farina e l'essenza di mandorle. Versare in una teglia (teglia) da 18 cm/7 unta e foderata e cuocere in forno preriscaldato a 180°C/350°F/gas mark 4 per 45 minuti fino a renderla elastica al tatto.

Torta Amaretto Svedese

Per una torta da 23 cm/9 pollici

100 g / 1 tazza di mandorle tritate

75 g/3 once/1/3 di tazza di zucchero a velo

5 ml/1 cucchiaino di lievito in polvere

2 albumi d'uovo grandi, sbattuti

Mescolare mandorle, zucchero e lievito. Mescolare gli albumi fino a ottenere un composto denso e liscio. Versare in un sandwich (teglia) da 23 cm/9 unto e foderato e cuocere in forno preriscaldato a 160°C/325°F/Gas mark 3 per 20-25 minuti fino a quando non è lievitato e dorato. Togliere dallo stampo con molta attenzione poiché l'impasto è fragile.

Pane al cocco

Per una pagnotta 450 g/1 lb

100 g/4 oz/1 tazza di farina autolievitante (autolievitante)

225 g/8 oz/1 tazza di zucchero fine

100 g / 1 tazza di cocco essiccato (triturato).

1 uovo

120ml/4oz/½ tazza di latte

Pizzico di sale

Mescolare bene tutti gli ingredienti e versare in uno stampo da plumcake imburrato e foderato da 450 g Cuocere in forno preriscaldato a 180°C/350°F/Gas 4 per circa 1 ora, finché non diventa dorato e elastico al tatto .

torta al cocco

Per una torta da 23 cm/9 pollici

75 g/1/3 di tazza di burro o margarina

150 ml/¼ pt/2/3 tazza di latte

2 uova, leggermente sbattute

225 g/8 oz/1 tazza di zucchero fine

150g/5oz/1¼ tazza di farina autolievitante (autolievitante)

Pizzico di sale

Per la farcitura:
100 g/4 once/½ tazza di burro o margarina

75 g / 3 once / ¾ tazza di cocco essiccato (triturato).

60 ml/4 cucchiai di miele puro

45 ml/3 cucchiai di latte

50 g / 2 once / ¼ di tazza di zucchero di canna morbido

Sciogliere il burro o la margarina nel latte, quindi raffreddare leggermente. Sbattere le uova con lo zucchero a velo fino a renderle chiare e spumose, quindi sbattere il composto di burro e latte. Mescolare la farina e il sale fino ad ottenere un composto abbastanza sottile. Versare in una teglia (teglia) da 23 cm/9 unta e foderata e cuocere in forno preriscaldato a 180°C/350°F/gas mark 4 per 40 minuti fino a doratura ed elastica al tatto.

Nel frattempo, fai bollire gli ingredienti per la farcitura in una padella. Rimuovere la torta calda e versarla sulla miscela di topping. Mettere sotto la griglia calda (broiler) per alcuni minuti fino a quando il campo inizia a dorare.

Torta dorata al cocco

Per una torta da 20 cm/8 pollici

100 g/4 once/½ tazza di burro o margarina, ammorbidito

200g/7oz/piccola 1 tazza di zucchero fine

200 g/7 oz/1¾ tazza di farina (per tutti gli usi)

10 ml/2 cucchiaini di lievito per dolci

Pizzico di sale

175ml/6oz/¾ tazza di latte

3 albumi d'uovo

                    Per il ripieno e la farcitura:
150 g / 5 once / 1¼ tazza di cocco essiccato (triturato).

200g/7oz/piccola 1 tazza di zucchero fine

120ml/4oz/½ tazza di latte

120ml/4oz/½ tazza di acqua

3 tuorli

Sbattere il burro o la margarina con lo zucchero fino a ottenere un composto chiaro e spumoso. Impastare alternativamente farina, lievito e sale con latte e acqua fino ad ottenere un impasto liscio. Montare a neve ferma gli albumi, quindi unirli all'impasto. Versare il composto in due stampi per torte unti (padelle) e cuocere in forno preriscaldato a 180°C/350°F/gas mark 4 per 25 minuti fino a quando non diventa elastico al tatto. Lasciar raffreddare.

In una piccola padella, mescolare il cocco, lo zucchero, il latte e i tuorli d'uovo. Cuocere a fuoco dolce per qualche minuto fino a quando le uova saranno cotte, mescolando continuamente. Lasciar raffreddare. Piegare le torte insieme a metà della massa di cocco, quindi adagiarvi sopra il resto.

Torta al cocco

Per una torta da 9 x 18 cm/3½ x 7 cm

100 g/4 once/½ tazza di burro o margarina, ammorbidito

175 g/6 once/¾ di tazza di zucchero (molto fine).

3 uova

175 g/6 once/1½ tazza di farina normale (per tutti gli usi).

5 ml/1 cucchiaino di lievito in polvere

175 g/6 once/1 tazza di uva sultanina (uvetta dorata)

120ml/4oz/½ tazza di latte

6 biscotti semplici (biscotti), schiacciati

100 g/4 once/½ tazza di zucchero di canna morbido

100 g / 1 tazza di cocco essiccato (triturato).

Sbattere il burro o la margarina e lo zucchero a velo fino a ottenere un composto chiaro e spumoso. A poco a poco sbattere due uova, quindi aggiungere alternativamente la farina, il lievito e l'uva sultanina con il latte. Versare metà del composto in una pagnotta da 450 g unta e foderata. Mescolare l'uovo rimasto con il rotolo di biscotti, lo zucchero di canna e il cocco e versare nello stampo. Aggiungere un cucchiaio della pastella rimanente e cuocere in forno preriscaldato a 180°C/350°F/gas mark 4 per 1 ora. Lasciare raffreddare nello stampo per 30 minuti, quindi posizionare sulla gratella per completare il raffreddamento.

Torta al limone e cocco

Per una torta da 20 cm/8 pollici

100 g/4 once/½ tazza di burro o margarina, ammorbidito

75 g/3 once/1/3 di tazza di zucchero di canna morbido

Scorza grattugiata di 1 limone

1 uovo sbattuto

Qualche goccia di essenza di mandorla (estratto)

350g/12oz/3 tazze di farina autolievitante (autolievitante)

60 ml/4 cucchiai di marmellata di lamponi (in scatola)

Per la farcitura:

1 uovo sbattuto

75 g/3 once/1/3 di tazza di zucchero di canna morbido

225 g/8 once/2 tazze di cocco essiccato (triturato).

Sbattere il burro o la margarina, lo zucchero e la scorza di limone fino a ottenere un composto leggero e spumoso. Sbattere gradualmente l'uovo e l'essenza di mandorle, quindi aggiungere la farina. Versare il composto in una teglia a cerniera da 20 cm/8 imburrata e foderata. Mettere la marmellata sul composto. Mescolare gli ingredienti per la farcitura e distribuirli sul composto. Cuocere in forno preriscaldato a 180°C/350°F/Gas 4 per 30 minuti, finché non diventano elastici al tatto. Lasciar raffreddare nello stampo.

Torta di cocco di Capodanno

Fa una torta da 18 cm / 7 pollici

100 g/4 once/½ tazza di burro o margarina, ammorbidito

100 g/4 once/½ tazza di zucchero semolato

2 uova, leggermente sbattute

75 g di farina di frumento (per tutti gli usi)

45 ml/3 cucchiai di cocco essiccato (triturato).

30 ml/2 cucchiai di rum

Qualche goccia di essenza di mandorla (estratto)

Qualche goccia di essenza di limone (estratto)

Sbattere il burro e lo zucchero fino a ottenere un composto chiaro e spumoso. A poco a poco sbattete le uova, poi aggiungete la farina e il cocco. Aggiungere il rum e le essenze. Mettere un cucchiaio in una teglia imburrata e foderata di 18 cm/7 in una teglia a cerniera (teglia) e livellare la superficie. Cuocere in forno preriscaldato a 190°C/375°F/gas mark 5 per 45 minuti, finché uno spiedino centrale non esce pulito. Lasciar raffreddare nello stampo.

Torta sultanina al cocco

Per una torta da 23 cm/9 pollici

100 g/4 once/½ tazza di burro o margarina, ammorbidito

175 g/6 once/¾ di tazza di zucchero (molto fine).

2 uova, leggermente sbattute

175 g/6 once/1½ tazza di farina normale (per tutti gli usi).

5 ml/1 cucchiaino di lievito in polvere

Pizzico di sale

175 g/6 once/1 tazza di uva sultanina (uvetta dorata)

120ml/4oz/½ tazza di latte

Per il ripieno:

1 uovo, leggermente sbattuto

50g/2oz/½ tazza di briciole di biscotti semplici (biscotti)

100 g/4 once/½ tazza di zucchero di canna morbido

100 g / 1 tazza di cocco essiccato (triturato).

Sbattere il burro o la margarina e lo zucchero a velo fino a ottenere un composto chiaro e spumoso. Aggiungere gradualmente le uova. Aggiungere la farina, il lievito, il sale e l'uva sultanina con il latte quanto basta per ottenere una consistenza morbida simile a una goccia. Trasferire metà della massa in uno stampo da 23 cm/9 unto in una teglia a cerniera (padella). Mescolare gli ingredienti del ripieno e un cucchiaio sull'impasto, quindi ricoprire con la miscela di pasta rimanente. Cuocere in forno preriscaldato a 180°C/350°F/Gas 4 per 1 ora, fino a quando diventa flessibile al tatto e comincia a restringersi dai lati della teglia. Lasciare raffreddare nello stampo prima di scartare.

Torta di arachidi croccante

Per una torta da 23 cm/9 pollici

225 g/8 once/1 tazza di burro o margarina, ammorbidito

225 g/8 oz/1 tazza di zucchero fine

2 uova, leggermente sbattute

225 g/8 once/2 tazze di farina normale (per tutti gli usi).

2,5 ml/½ cucchiaino di bicarbonato di sodio (bicarbonato di sodio)

2,5 ml/½ cucchiaino di crema tartara

200 ml/7 fl oz/piccola 1 tazza di latte

Per la farcitura:

100 g/4 once/1 tazza di noci miste tritate

100 g/4 once/½ tazza di zucchero di canna morbido

5 ml/1 cucchiaino di cannella in polvere

Sbattere il burro o la margarina e lo zucchero a velo fino a ottenere un composto chiaro e spumoso. A poco a poco sbattete le uova, poi aggiungete la farina, il bicarbonato e il cremor tartaro alternati al latte. Mettere il cucchiaio in uno stampo per dolci imburrato e foderato di 23 cm/9. Mescolare le noci, lo zucchero di canna e la cannella insieme e cospargere sulla parte superiore della torta. Cuocere in forno preriscaldato a 180°C/350°F/Gas 4 per 40 minuti, finché non diventano dorati e non si restringono dai lati della teglia. Lasciare raffreddare nello stampo per 10 minuti, quindi posizionare sulla griglia per completare il raffreddamento.

Torta mista di arachidi

Per una torta da 23 cm/9 pollici

100 g/4 once/½ tazza di burro o margarina, ammorbidito

225 g/8 oz/1 tazza di zucchero fine

1 uovo sbattuto

225 g/8 oz/2 tazze di farina autolievitante (autolievitante)

10 ml/2 cucchiaini di lievito per dolci

Pizzico di sale

250ml/8oz/1 tazza di latte

5 ml/1 cucchiaino di essenza di vaniglia (estratto)

2,5 ml/½ cucchiaino di essenza di limone (estratto)

100 g/4 once/1 tazza di noci miste tritate

Sbattere il burro o la margarina con lo zucchero fino a ottenere un composto chiaro e spumoso. Sbattere l'uovo gradualmente. Mescolare la farina, il lievito e il sale e unirli al composto alternandoli al latte e alle essenze. Piega le noci. Versare in due tortiere da 23 cm/9 unte e rivestite e cuocere in forno preriscaldato a 180°F/350°F/gas mark 4 per 40 minuti fino a quando lo spiedino inserito al centro risulta pulito.

Torta di arachidi greca

A 25 cm/10 nell'impasto

100 g/4 once/½ tazza di burro o margarina, ammorbidito

225 g/8 oz/1 tazza di zucchero fine

3 uova, leggermente sbattute

250 g/9 once/2¼ tazze di farina normale (per tutti gli usi).

225g/8oz/2 tazze di noci, macinate

10 ml/2 cucchiaini di lievito per dolci

5 ml/1 cucchiaino di cannella in polvere

1,5 ml/¼ di cucchiaino di chiodi di garofano macinati

Pizzico di sale

75 ml/5 cucchiai di latte

Per lo sciroppo di miele:
175 g/6 once/¾ di tazza di zucchero (molto fine).

75g/3oz/¼ di tazza di miele puro

15 ml/1 cucchiaio di succo di limone

250 ml/8 fl oz/1 tazza di acqua bollente

Sbattere il burro o la margarina con lo zucchero fino a ottenere un composto chiaro e spumoso. A poco a poco sbattere le uova, quindi aggiungere la farina, le noci, il lievito, le spezie e il sale. Aggiungere il latte e mescolare fino a che liscio. Versare in una teglia a cerniera da 25 cm/10" imburrata e infarinata e cuocere in forno preriscaldato a 180°C/350°F/gas mark 4 per 40 minuti fino a quando risulta flessibile al tatto. Lasciare raffreddare nello stampo per 10 minuti, quindi trasferire sulla griglia.

Per preparare lo sciroppo, mescolare zucchero, miele, succo di limone e acqua e scaldare fino a quando non si sarà sciolto.

Bucherellare la pasta calda con una forchetta, quindi versare un cucchiaio di sciroppo di miele.

Torta di arachidi surgelata

Fa una torta da 18 cm / 7 pollici

100 g/4 once/½ tazza di burro o margarina, ammorbidito

100 g/4 once/½ tazza di zucchero semolato

2 uova, leggermente sbattute

100 g/4 oz/1 tazza di farina autolievitante (autolievitante)

100 g / 1 tazza di noci, tritate

Pizzico di sale

Per la glassa (glassa):

450 g/1 lb/2 tazze di zucchero a velo

150 ml/¼ pt/2/3 tazze d'acqua

2 albumi d'uovo

Qualche metà di noce per la decorazione

Sbattere il burro o la margarina e lo zucchero a velo fino a ottenere un composto chiaro e spumoso. A poco a poco sbattere le uova, quindi aggiungere la farina, le noci e il sale. Versare il composto in due tortiere (padelle) unte e rivestite da 18 cm e cuocere in forno preriscaldato a 180°C/350°F/Gas 4 per 25 minuti fino a quando non saranno ben lievitate ed elastiche al tatto. Lasciar raffreddare.

Sciogliere lo zucchero semolato nell'acqua a fuoco basso, mescolando continuamente, quindi portare a ebollizione e continuare a cuocere senza mescolare fino a quando una goccia del composto forma una palla morbida quando viene fatta cadere nell'acqua fredda. Nel frattempo, sbattere gli albumi in una ciotola pulita fino a renderli fermi. Versare lo sciroppo sull'albume e sbattere fino a quando il composto è abbastanza denso da coprire il dorso di un cucchiaio. Disporre i biscotti insieme a uno strato di glassa, quindi distribuire il resto sulla parte superiore e sui lati della torta e decorare con metà di noce.

Torta di noci con crema al cioccolato

Fa una torta da 18 cm / 7 pollici

3 uova

75 g/3 once/1/3 di tazza di zucchero di canna morbido

50g/2oz/½ tazza di farina integrale (integrale)

25 g / 1 oz / ¼ di tazza di cacao (cioccolato non zuccherato) in polvere

Per la glassa (glassa):
150g/5oz/1¼ di tazza di cioccolato fondente (semidolce).

225 g/8 once/1 tazza di crema di formaggio a basso contenuto di grassi

45 ml/3 cucchiai di zucchero a velo (dolciumi), setacciato

75 g/3 once/¾ tazza di noci, tritate

15 ml/1 cucchiaio di brandy (facoltativo)

Crostata al cioccolato per guarnire

Sbattere le uova con lo zucchero di canna fino a renderle chiare e dense. Aggiungere la farina e il cacao. Versare il composto in due stampini da sandwich (padelle) da 18 cm/7 unti e foderati e cuocere in forno preriscaldato a 190°C/375°F/gas mark 5 per 15-20 minuti, fino a quando non sarà gonfio ed elastico al tatto. Togliere dagli stampini e lasciar raffreddare.

Sciogliere il cioccolato in una ciotola resistente al calore posta sopra una pentola di acqua bollente. Togliere dal fuoco e aggiungere la crema di formaggio e lo zucchero a velo, quindi aggiungere noci e brandy se si utilizza. Impilare i biscotti con la maggior parte del ripieno e adagiarvi sopra il resto. Guarnire con cioccolato grattugiato.

Torta di noci con miele e cannella

Per una torta da 23 cm/9 pollici
225 g/8 once/2 tazze di farina normale (per tutti gli usi).

10 ml/2 cucchiaini di lievito per dolci

5 ml/1 cucchiaino di bicarbonato di sodio

5 ml/1 cucchiaino di cannella in polvere

Pizzico di sale

100g/4oz/1 tazza di yogurt bianco

75 ml/5 cucchiai di olio

100g/4oz/1/3 di tazza di miele puro

1 uovo, leggermente sbattuto

5 ml/1 cucchiaino di essenza di vaniglia (estratto)

Per il ripieno:
50 g/2 once/½ tazza di noci tritate

225 g/8 once/1 tazza di zucchero di canna morbido

10 ml/2 cucchiaini di cannella in polvere

30 ml/2 cucchiai di olio

Mescolare gli ingredienti secchi per l'impasto e fare un buco al centro. Mescolare il resto degli ingredienti dell'impasto e mescolare con gli ingredienti secchi. Mescolare gli ingredienti per il ripieno. Versare metà dell'impasto in uno stampo a cerniera da 23 cm/9 imburrato e infarinato e cospargere con metà del ripieno. Aggiungere la massa di pasta rimanente e poi il ripieno rimanente. Cuocere in forno preriscaldato a 180°C/350°F/gas mark 4 per 30 minuti, fino a quando non saranno ben lievitati e dorati e inizieranno a restringersi dai lati della teglia.

Barrette di mandorle e miele

Fa 10

15 g di lievito fresco o 20 ml/4 cucchiaini di lievito secco

45 ml/3 cucchiai di zucchero a velo (molto fine)

120ml/4oz/½ tazza di latte caldo

300 g/11 oz/2¾ tazze di farina (per tutti gli usi)

Pizzico di sale

1 uovo, leggermente sbattuto

50 g/2 once/¼ di tazza di burro o margarina, ammorbiditi

300 ml/½ pt/1¼ di tazza di panna doppia (pesante).

30 ml/2 cucchiai di zucchero a velo (dolciumi), setacciato

45 ml/3 cucchiai di miele puro

300 g/11 oz/2¾ tazze di mandorle a scaglie (affettate).

Mescolare il lievito, 5 ml/1 cucchiaino di zucchero semolato e un po' di latte e mettere da parte in un luogo caldo per 20 minuti fino a ottenere un composto spumoso. Mescolate lo zucchero rimasto con la farina e il sale e fate un buco al centro. Incorporare gradualmente l'uovo, il burro o la margarina, la miscela di lievito e il restante latte caldo e impastare fino ad ottenere un impasto morbido. Impastare su una superficie leggermente infarinata fino a che liscio ed elastico. Mettere in una ciotola unta d'olio, coprire con pellicola trasparente unta (foglio) e mettere da parte in un luogo caldo per 45 minuti fino a raddoppiare le dimensioni.

Riprendete l'impasto, poi stendetelo e mettetelo in una teglia 30 x 20 cm unta, bucherellate con una forchetta, coprite e lasciate riposare in un luogo tiepido per 10 minuti.

Mettere in un pentolino 120 ml di panna, lo zucchero a velo e il miele e portare ad ebollizione. Togliere dal fuoco e unire le mandorle. Distribuire sulla pasta frolla, quindi cuocere in forno preriscaldato a 200°C/400°F/Gas 6 per 20 minuti fino a quando non diventa dorata ed elastica al tatto, coprire con carta da forno (oleata) se la parte superiore sta dorando troppo prima della fine della cottura. Uscite e fate raffreddare.

Tagliare la torta a metà orizzontalmente. Montare a neve ben ferma la restante panna e distribuirla sulla metà inferiore della torta. Sopra mettete metà della pasta ricoperta di mandorle e tagliate a barrette.

Crumble con mele e ribes nero

Fa 12

175 g/6 once/1½ tazza di farina normale (per tutti gli usi).

5 ml/1 cucchiaino di lievito in polvere

Pizzico di sale

175 g/6 once/¾ di tazza di burro o margarina

225 g/8 once/1 tazza di zucchero di canna morbido

100 g/4 once/1 tazza di farina d'avena

450 g/lb di mele cotte (crostate), sbucciate, private del torsolo e affettate

30 ml/2 cucchiai di farina di mais (farina di mais)

10 ml/2 cucchiaini di cannella in polvere

2,5 ml/½ cucchiaino di noce moscata grattugiata

2,5 ml/½ cucchiaino di pimento macinato

Ribes nero 225g/8oz

Mescolare la farina, il lievito e il sale, quindi unire il burro o la margarina. Aggiungere lo zucchero e la farina d'avena. Mettere mezzo cucchiaio sul fondo di una tortiera quadrata da 25 cm/9 imburrata e foderata. Mescolare mele, farina di mais e spezie e spennellare. Guarnire con ribes nero. Versare la miscela rimanente e livellare la parte superiore. Cuocere in forno preriscaldato a 180°C/350°F/Gas 4 per 30 minuti fino a quando diventano elastici. Lasciar raffreddare e poi tagliare a bastoncini.

Barrette con albicocche e farina d'avena

Fa 24

75g/3oz/½ tazza di albicocche secche

25 g/1 oz/3 cucchiai di uva sultanina (uvetta dorata)

250ml/8oz/1 tazza di acqua

5 ml/1 cucchiaino di succo di limone

150 g / 5 once / 2/3 tazza di zucchero di canna morbido

50 g / 2 once / ½ tazza di cocco essiccato (triturato).

50 g/2 oz/½ tazza di farina normale (per tutti gli usi).

2,5 ml/½ cucchiaino di bicarbonato di sodio (bicarbonato di sodio)

100 g/4 once/1 tazza di farina d'avena

50 g/2 once/¼ di tazza di burro fuso

Mettere le albicocche, l'uva sultanina, l'acqua, il succo di limone e 30 ml/2 cucchiai di zucchero di canna in una piccola casseruola e mescolare a fuoco basso fino a ottenere una crema densa. Unire il cocco e lasciar raffreddare. Mescolare la farina, il bicarbonato di sodio, la farina d'avena e lo zucchero rimanente, quindi incorporare il burro fuso. Premere metà del composto di avena sul fondo di una teglia quadrata da 20 cm/8 unta, quindi distribuire sopra il composto di albicocche. Coprire con la miscela di avena rimanente e premere leggermente. Cuocere in forno preriscaldato a 180°C/350°F/Gas 4 per 30 minuti fino a doratura. Lasciar raffreddare e poi tagliare a bastoncini.

Crostini di albicocca

Fa 16

100 g di albicocche secche pronte da mangiare

120ml/4oz/½ tazza di succo d'arancia

100 g/4 once/½ tazza di burro o margarina

75 g di farina integrale (integrale)

75g/3oz/¾ tazza di farina d'avena

75g/3oz/1/3 di tazza di zucchero demerara

Immergere le albicocche nel succo d'arancia per almeno 30 minuti fino a renderle morbide, scolarle e tritarle. Strofina il burro o la margarina nella farina fino a quando il composto non assomiglia al pangrattato. Aggiungere la farina d'avena e lo zucchero. Pressare metà del composto in uno stampo da 30 x 20 cm/12 x 8 imburrato in uno stampo a rotolo (teglia per gelatina) e cospargere con le albicocche. Distribuire il composto rimanente sopra e premere delicatamente verso il basso. Cuocere in forno preriscaldato a 180°C/350°F/gas mark 4 per 25 minuti fino a doratura. Lasciare raffreddare nello stampo prima di scartare e tagliare in barrette.

Barrette di banana e arachidi

Fa circa 14

50 g/2 once/¼ di tazza di burro o margarina, ammorbiditi

75 g/3 once/1/3 di tazza (molto fine) o zucchero di canna morbido

2 banane grandi, tritate

175 g/6 once/1½ tazza di farina normale (per tutti gli usi).

7,5 ml/1½ cucchiaino di lievito in polvere

2 uova sbattute

50 g/2 once/½ tazza di noci, tritate grossolanamente

Sbattere il burro o la margarina e lo zucchero. Schiacciate le banane e mescolatele al composto. Mescolare la farina e il lievito. Aggiungere la farina, le uova e le noci al composto di banane e sbattere bene. Versare in una teglia imburrata da 18x28 cm/7x11, livellare la superficie e cuocere in forno preriscaldato a 160°C/325°F/gas mark 3 per 30-35 minuti fino a quando non diventa elastico al tatto . Lasciare raffreddare nello stampo per qualche minuto, quindi posizionare sulla gratella per completare il raffreddamento. Tagliare in circa 14 barre.

Biscotti americani

Ne fa circa 15

2 uova grandi

225 g/8 oz/1 tazza di zucchero fine

50 g di burro fuso o margarina

2,5 ml/½ cucchiaino di essenza di vaniglia (estratto)

75 g di farina di frumento (per tutti gli usi)

45 ml/3 cucchiai di cacao in polvere (cioccolato non zuccherato)

2,5 ml/½ cucchiaino di lievito per dolci

Pizzico di sale

50 g/2 once/½ tazza di noci, tritate grossolanamente

Mescolare le uova con lo zucchero fino a ottenere un composto denso e cremoso. Sbattere il burro e l'essenza di vaniglia. Setacciare la farina, il cacao, il lievito e il sale e mescolare con le noci. Trasforma in una tortiera quadrata da 20 cm / 8 ben unta (padella). Cuocere in forno preriscaldato a 180°C/350°F/Gas 4 per 40-45 minuti, finché non diventano elastici al tatto. Lasciare nella teglia per 10 minuti, quindi tagliare a quadrati e trasferirli sulla griglia ancora caldi.

Torta al cioccolato fondente

Fa circa 16

225g/8oz/1 tazza di burro o margarina

175 g/6 once/¾ di tazza di zucchero a velo

350g/12oz/3 tazze di farina autolievitante (autolievitante)

30 ml/2 cucchiai di cacao in polvere (cioccolato non zuccherato)

Per la glassa (glassa):
175g/6oz/1 tazza di zucchero a velo (da pasticcere), setacciato

30 ml/2 cucchiai di cacao in polvere (cioccolato non zuccherato)

Acqua bollente

Sciogliere il burro o la margarina, quindi aggiungere lo zucchero semolato. Aggiungere la farina e il cacao. Premere in una teglia da 18 x 28 cm/7 x 11 foderata di alluminio. Cuocere in forno preriscaldato a 180°C/350°F/Gas 4 per circa 20 minuti, finché non diventano elastici al tatto.

Per preparare la glassa, setacciare lo zucchero a velo e il cacao in una ciotola e aggiungere un goccio di acqua bollente. Mescolare fino a quando ben combinato, aggiungendo una goccia o più di acqua se necessario. Mentre è ancora caldo (ma non caldo), congela il brownie, quindi lascialo raffreddare prima di tagliarlo a quadrati.

Brownies alla nocciola e cioccolato

Fa 12

50g/2oz/½ tazza di cioccolato fondente (semidolce).

75 g/1/3 di tazza di burro o margarina

225 g/8 oz/1 tazza di zucchero fine

75 g di farina di frumento (per tutti gli usi)

75 g/3 once/¾ tazza di noci, tritate

50g/2oz/½ tazza di gocce di cioccolato

2 uova sbattute

2,5 ml/½ cucchiaino di essenza di vaniglia (estratto)

Sciogli il cioccolato e il burro o la margarina in una ciotola resistente al calore posta sopra una pentola di acqua bollente. Togliere dal fuoco e mescolare il resto degli ingredienti. Versare in una teglia (padella) unta e foderata da 20 cm e cuocere in forno preriscaldato a 180°C/350°F/gas mark 4 per 30 minuti fino a quando uno spiedino inserito al centro risulta pulito. Lasciare raffreddare nella forma, quindi tagliare a quadrati.

Barrette di burro

Fa 16

100 g/4 once/½ tazza di burro o margarina, ammorbidito

100 g/4 once/½ tazza di zucchero semolato

1 uovo, separato

100 g/4 once/1 tazza di farina semplice (per tutti gli usi).

25 g / 1 oz / ¼ di tazza di noci miste tritate

Sbattere il burro o la margarina con lo zucchero fino a ottenere un composto chiaro e spumoso. Sbattere il tuorlo d'uovo, quindi unire la farina e le noci fino a ottenere un composto abbastanza sodo. Se è troppo duro, aggiungi del latte; se è liquida, aggiungi un po 'più di farina. Trasferire l'impasto in uno stampo unto da 30 x 20 cm/12 x 8 (teglia per gelatina). Sbattete l'albume e distribuitelo sul composto. Cuocere in forno preriscaldato a 180°C/350°F/Gas 4 per 30 minuti fino a doratura. Lasciar raffreddare e poi tagliare a bastoncini.

Toffee alla ciliegia su un vassoio

Fa 12

100g/4oz/1 tazza di mandorle

225g/8oz/1 tazza di ciliegie glassate (candite), tagliate a metà

225 g/8 once/1 tazza di burro o margarina, ammorbidito

225 g/8 oz/1 tazza di zucchero fine

3 uova sbattute

100 g/4 oz/1 tazza di farina autolievitante (autolievitante)

50g/2oz/½ tazza di mandorle tritate

5 ml/1 cucchiaino di lievito in polvere

5 ml/1 cucchiaino di essenza di mandorle (estratto)

Cospargere le mandorle e le ciliegie sul fondo di una teglia imburrata e foderata di 20 cm/8 in una teglia a cerniera (teglia). Sciogliere 50 g di burro o margarina con 50 g di zucchero, quindi versare sopra le ciliegie e le noci. Sbattere il burro o la margarina rimanenti con lo zucchero fino a ottenere un composto chiaro e spumoso, quindi sbattere le uova e mescolare con la farina, le mandorle tritate, il lievito e l'essenza di mandorle. Versare il composto nello stampo e livellare la parte superiore. Cuocere in forno preriscaldato a 160°C/325°F/Gas 3 per 1 ora. Lasciare raffreddare nello stampo per qualche minuto, quindi capovolgere con cura sulla gratella, raschiando eventuali residui di carta fodera se necessario. Lasciar raffreddare completamente prima di affettare.

Casseruole Di Cioccolato Su Un Vassoio

Fa 24

100 g/4 once/½ tazza di burro o margarina, ammorbidito

100 g/4 once/½ tazza di zucchero di canna morbido

50 g/2 once/¼ di tazza di zucchero semolato

1 uovo

5 ml/1 cucchiaino di essenza di vaniglia (estratto)

100 g/4 once/1 tazza di farina semplice (per tutti gli usi).

2,5 ml/½ cucchiaino di bicarbonato di sodio (bicarbonato di sodio)

Pizzico di sale

100g/4oz/1 tazza di scaglie di cioccolato

Sbattere il burro o la margarina e gli zuccheri fino a renderli chiari e spumosi, quindi aggiungere gradualmente l'uovo e l'essenza di vaniglia. Aggiungere la farina, il bicarbonato e il sale. Mescolare con pezzi di cioccolato. Versare in una teglia quadrata da 25 cm/12 unta e infarinata e cuocere in forno preriscaldato a 190°C/375°F/Gas Mark 2 per 15 minuti fino a doratura. Lasciar raffreddare e poi tagliare a quadretti.

Uno strato di crumble alla cannella

Fa 12

Per la base:

100 g/4 once/½ tazza di burro o margarina, ammorbidito

30 ml/2 cucchiai di miele puro

2 uova, leggermente sbattute

100 g/4 once/1 tazza di farina semplice (per tutti gli usi).

Per il crumble:

75 g/1/3 di tazza di burro o margarina

75 g di farina di frumento (per tutti gli usi)

75g/3oz/¾ tazza di farina d'avena

5 ml/1 cucchiaino di cannella in polvere

50 g di zucchero demerara

Sbattere il burro o la margarina con il miele fino a ottenere un composto leggero e spumoso. A poco a poco sbattete le uova, poi aggiungete la farina. Versare metà del composto in una tortiera quadrata da 20cm/8 imburrata e livellare la superficie.

Per fare il crumble, strofina il burro o la margarina nella farina fino a quando il composto non assomiglia al pangrattato. Aggiungere la farina d'avena, la cannella e lo zucchero. Versare metà del crumble nella teglia, quindi cospargere con il restante composto per dolci e poi con il restante crumble. Cuocere in forno preriscaldato a 190°C/375°F/Gas 5 per circa 35 minuti, fino a quando uno stecchino inserito al centro risulta pulito. Lasciar raffreddare e poi tagliare a bastoncini.

Barrette appiccicose alla cannella

Fa 16

225 g/8 once/2 tazze di farina normale (per tutti gli usi).

10 ml/2 cucchiaini di lievito per dolci

225 g/8 once/1 tazza di zucchero di canna morbido

15 ml/1 cucchiaio di burro fuso

250ml/8oz/1 tazza di latte

30 ml/2 cucchiai di zucchero demerara

10 ml/2 cucchiaini di cannella in polvere

25 g/1 oz/2 cucchiai di burro, raffreddato e tagliato a dadini

Mescolare farina, lievito e zucchero. Aggiungere il burro fuso e il latte e mescolare bene. Pressare il composto in due stampi quadrati (padelle) del diametro di 23 cm/9. Cospargere le cime con zucchero demerara e cannella, quindi spremere pezzi di burro sulla superficie. Cuocere in forno preriscaldato a 180°C/350°F/Gas 4 per 30 minuti. Il burro creerà dei buchi nel composto e diventerà appiccicoso durante la cottura.

Barrette al cocco

Fa 16

75 g/1/3 di tazza di burro o margarina

100 g/4 once/1 tazza di farina semplice (per tutti gli usi).

30 ml/2 cucchiai di zucchero fine (molto fine).

2 uova

100 g/4 once/½ tazza di zucchero di canna morbido

Pizzico di sale

175g/6oz/1½ tazza di cocco essiccato (tritato).

50 g/2 once/½ tazza di noci miste tritate

Glassa all'arancia

Strofina il burro o la margarina nella farina fino a quando il composto non assomiglia al pangrattato. Aggiungere lo zucchero e mettere in una teglia quadrata da 23 cm/9 (padella). Cuocere in forno preriscaldato a 190°C/350°F/Gas 4 per 15 minuti fino a quando non si solidifica.

Sbattere insieme le uova, lo zucchero di canna e il sale, quindi incorporare il cocco e le noci e spalmare sulla base. Cuocere per 20 minuti fino a quando impostato e dorato. Una volta raffreddato, gelato con glassa all'arancia. Tagliare a bastoncini.

Panini con cocco e marmellata

Fa 16

25 g/2 cucchiai di burro o margarina

175 g/6 once/1½ tazza di farina autolievitante

225 g/8 oz/1 tazza di zucchero fine

2 tuorli

75 ml/5 cucchiai d'acqua

175g/6oz/1½ tazza di cocco essiccato (tritato).

4 albumi d'uovo

50 g/2 oz/½ tazza di farina normale (per tutti gli usi).

Marmellata di fragole da 100 g/4 once/1/3 di tazza (in scatola)

Strofina il burro o la margarina nella farina autolievitante, quindi aggiungi 50 g di zucchero. Sbattere i tuorli con 45 ml/3 cucchiai di acqua e incorporarli al composto. Premere sul fondo di uno stampo unto di 30 x 20 cm/12 x 8 in uno stampo a rullo (padella per gelatina) e bucherellare con una forchetta. Cuocere in forno preriscaldato a 180°C/350°F/Gas 4 per 12 minuti. Lasciar raffreddare.

Mettete nella padella il cocco, lo zucchero e l'acqua rimanenti e un albume d'uovo e mescolate a fuoco basso fino a quando il composto diventa grumoso senza farlo dorare. Lasciar raffreddare. Mescolare la farina di frumento. Montare a neve gli albumi rimanenti, quindi unirli al composto. Spalmare il fondo con la marmellata, quindi spalmare la glassa al cocco. Cuocere in forno per 30 minuti fino a doratura. Lasciar raffreddare nello stampo prima di tagliare in barrette.

Date e Apple Traybake

Fa 12

1 mela bollita (grattugiata), sbucciata, privata del torsolo e tritata

225 g/8 once/11/3 tazze di datteri snocciolati (snocciolati), tritati

150 ml/¼ pt/2/3 tazze d'acqua

350 g/12 once/3 tazze di farina d'avena

175 g/6 once/¾ di tazza di burro o margarina fusa

45 ml/3 cucchiai di zucchero demerara

5 ml/1 cucchiaino di cannella in polvere

Mettete in una pentola le mele, i datteri e l'acqua e fate cuocere a fuoco basso per circa 5 minuti fino a quando le mele saranno morbide. Lasciar raffreddare. Mescolare l'avena, il burro o la margarina, lo zucchero e la cannella. Mettetene mezzo cucchiaio in una tortiera quadrata da 20cm/8 imburrata e livellate la superficie. Guarnire con il composto di mele e datteri, poi ricoprire con il restante composto di avena e livellare la superficie. Premere delicatamente. Cuocere in forno preriscaldato a 190°C/375°F/Gas 5 per circa 30 minuti fino a doratura. Lasciar raffreddare e poi tagliare a bastoncini.

Fette di datteri

Fa 12

225 g/8 once/11/3 tazze di datteri snocciolati (snocciolati), tritati

30 ml/2 cucchiai di miele puro

30 ml/2 cucchiai di succo di limone

225g/8oz/1 tazza di burro o margarina

225 g/8 oz/2 tazze di farina integrale (integrale)

225 g/8 once/2 tazze di farina d'avena

75 g/3 once/1/3 di tazza di zucchero di canna morbido

Stufare i datteri, il miele e il succo di limone a fuoco basso per qualche minuto finché i datteri non saranno morbidi. Strofina il burro o la margarina nella farina e nella farina d'avena fino a ottenere un composto simile al pangrattato, quindi aggiungi lo zucchero. Versare metà del composto in una tortiera quadrata da 20 cm/8 imburrata e foderata. Versare sopra la miscela di datteri, quindi terminare con la miscela di pasta rimanente. Premere con decisione. Cuocere in forno preriscaldato a 190°C/375°F/Gas 5 per 35 minuti fino a quando non diventano elastici al tatto. Lasciar raffreddare nella forma, ancora calda, tagliata a fette.

I data bar della nonna

Fa 16

100 g/4 once/½ tazza di burro o margarina, ammorbidito

225 g/8 once/1 tazza di zucchero di canna morbido

2 uova, leggermente sbattute

175 g/6 once/1½ tazza di farina normale (per tutti gli usi).

2,5 ml/½ cucchiaino di bicarbonato di sodio (bicarbonato di sodio)

5 ml/1 cucchiaino di cannella in polvere

Un pizzico di chiodi di garofano macinati

Un pizzico di noce moscata grattugiata

175 g/6 once/1 tazza di datteri snocciolati (senza semi), tritati

Sbattere il burro o la margarina con lo zucchero fino a ottenere un composto chiaro e spumoso. Aggiungere gradualmente le uova, sbattendo bene dopo ogni aggiunta. Mescolare il resto degli ingredienti fino a quando ben combinato. Versare in una teglia quadrata da 23 cm/9 unta e infarinata e cuocere in forno preriscaldato a 180°C/350°F/gas mark 4 per 25 minuti fino a quando lo spiedino centrale risulta pulito. Lasciar raffreddare e poi tagliare a bastoncini.

Barrette di datteri e avena

Fa 16

175 g/6 once/1 tazza di datteri snocciolati (senza semi), tritati

15 ml/1 cucchiaio di miele chiaro

30 ml/2 cucchiai d'acqua

225 g/8 oz/2 tazze di farina integrale (integrale)

100 g/4 once/1 tazza di farina d'avena

100 g/4 once/½ tazza di zucchero di canna morbido

150 g/2/3 tazza di burro o margarina fusa

Cuocere a fuoco lento i datteri, il miele e l'acqua in una piccola casseruola finché i datteri non saranno morbidi. Mescolare farina, farina d'avena e zucchero, quindi mescolare con burro fuso o margarina. Premere metà del composto in una tortiera quadrata da 18 cm/7 imburrata, cospargere con la massa di datteri, ricoprire con il restante composto di avena e premere delicatamente. Cuocere in forno preriscaldato a 180°C/350°F/gas mark 4 per 1 ora fino a quando non diventa sodo e dorato. Lasciare raffreddare nello stampo, affettare in barrette ancora calde.

Barrette di datteri e noci

Fa 12

100 g/4 once/½ tazza di burro o margarina, ammorbidito

150 g/5 once/2/3 tazze di zucchero semolato

1 uovo, leggermente sbattuto

100 g/4 oz/1 tazza di farina autolievitante (autolievitante)

225 g/8 once/11/3 tazze di datteri snocciolati (snocciolati), tritati

100 g / 1 tazza di noci, tritate

15 ml/1 cucchiaio di latte (facoltativo)

100g/4oz/1 tazza di cioccolato fondente (semidolce).

Sbattere il burro o la margarina con lo zucchero fino a ottenere un composto chiaro e spumoso. Incorporate l'uovo, poi la farina, i datteri e le noci, aggiungendo un po' di latte se il composto risultasse troppo duro. Versare in una teglia unta da 30x20 cm/12x8 (teglia per gelatina) e cuocere in forno preriscaldato a 180°C/350°F/gas mark 4 per 30 minuti fino a quando diventa flessibile al tatto. Lasciar raffreddare.

Sciogliere il cioccolato in una ciotola resistente al calore posta sopra una pentola di acqua bollente. Distribuire sopra il composto e lasciare raffreddare e solidificare. Tagliare a bastoncini con un coltello affilato.

Fico Bara

Fa 16

225 g di fichi freschi, tritati

30 ml/2 cucchiai di miele puro

15 ml/1 cucchiaio di succo di limone

225 g/8 oz/2 tazze di farina integrale (integrale)

225 g/8 once/2 tazze di farina d'avena

225g/8oz/1 tazza di burro o margarina

75 g/3 once/1/3 di tazza di zucchero di canna morbido

Cuocere i fichi, il miele e il succo di limone a fuoco basso per 5 minuti. Lasciar raffreddare. Mescolare la farina e la farina d'avena, quindi strofinare nel burro o nella margarina e aggiungere lo zucchero. Premere metà del composto in una teglia quadrata unta da 20 cm / 8 in una teglia (padella) quindi ricoprire con la massa di fichi. Ricoprite con la restante pasta e pressate bene. Cuocere in forno preriscaldato a 180°C/350°F/gas mark 4 per 30 minuti fino a doratura. Lasciar raffreddare nello stampo, quindi tagliare a fette mentre è ancora caldo.

flipjack

Fa 16

75 g/1/3 di tazza di burro o margarina

50 g/2 once/3 cucchiai di sciroppo di mais dorato (leggero).

100 g/4 once/½ tazza di zucchero di canna morbido

175g/6oz/1½ tazza di farina d'avena

Sciogliere il burro o la margarina con lo sciroppo e lo zucchero, quindi aggiungere la farina d'avena. Premere in una teglia quadrata da 20 cm/8 unta e cuocere in forno preriscaldato a 180°C/350°F/Gas 4 per circa 20 minuti fino a doratura. Lasciare raffreddare prima di affettare in barrette, quindi lasciare raffreddare completamente nello stampo prima di scartarle.

Frittelle di ciliegie

Fa 16

75 g/1/3 di tazza di burro o margarina

50 g/2 once/3 cucchiai di sciroppo di mais dorato (leggero).

100 g/4 once/½ tazza di zucchero di canna morbido

175g/6oz/1½ tazza di farina d'avena

100 g/1 tazza di ciliegie (candite), tritate

Sciogliere il burro o la margarina con lo sciroppo e lo zucchero, quindi unire l'avena e le ciliegie. Premere in una teglia (teglia) quadrata da 20 cm/8 unta e cuocere in forno preriscaldato a 180°C/350°F/gas mark 4 per circa 20 minuti fino a doratura. Lasciare raffreddare prima di affettare in barrette, quindi lasciare raffreddare completamente nello stampo prima di scartarle.

Frittelle al cioccolato

Fa 16

75 g/1/3 di tazza di burro o margarina

50 g/2 once/3 cucchiai di sciroppo di mais dorato (leggero).

100 g/4 once/½ tazza di zucchero di canna morbido

175g/6oz/1½ tazza di farina d'avena

100g/4oz/1 tazza di scaglie di cioccolato

Sciogliere il burro o la margarina con lo sciroppo e lo zucchero, quindi unire la farina d'avena e le scaglie di cioccolato. Premere in una tortiera (teglia) quadrata da 20 cm/8 unta e cuocere in forno preriscaldato a 180°C/350°F/Gas 4 per circa 20 minuti fino a doratura. Lasciare raffreddare prima di affettare in barrette, quindi lasciare raffreddare completamente nello stampo prima di scartarle.

Frittelle di frutta

Fa 16

75 g/1/3 di tazza di burro o margarina

100 g/4 once/½ tazza di zucchero di canna morbido

50 g/2 once/3 cucchiai di sciroppo di mais dorato (leggero).

175g/6oz/1½ tazza di farina d'avena

75g/3oz/½ tazza di uvetta, uva sultanina o altra frutta secca

Sciogliere il burro o la margarina con lo zucchero e lo sciroppo, quindi aggiungere l'avena e l'uvetta. Premere in una teglia (teglia) quadrata da 20 cm/8 unta e cuocere in forno preriscaldato a 180°C/350°F/gas mark 4 per circa 20 minuti fino a doratura. Lasciare raffreddare prima di affettare in barrette, quindi lasciare raffreddare completamente nello stampo prima di scartarle.

Flapjacks con frutta e noci

Fa 16

75 g/1/3 di tazza di burro o margarina

100g/4oz/1/3 di tazza di miele puro

50 g/2 once/1/3 di tazza di uvetta

50 g/2 once/½ tazza di noci, tritate

175g/6oz/1½ tazza di farina d'avena

Sciogliere il burro o la margarina con il miele a fuoco basso. Aggiungere l'uvetta, le noci e la farina d'avena e mescolare bene. Versare in una tortiera quadrata da 23 cm/9 imburrata e cuocere in forno preriscaldato a 180°C/350°F/gas mark 4 per 25 minuti. Lasciare raffreddare nello stampo, affettare in barrette ancora calde.

Bastoncini di zenzero

Fa 16

75 g/1/3 di tazza di burro o margarina

100 g/4 once/½ tazza di zucchero di canna morbido

50 g/3 cucchiai di sciroppo da un barattolo di gambo di zenzero

175g/6oz/1½ tazza di farina d'avena

4 pezzi di gambo di zenzero, tritati finemente

Sciogliere il burro o la margarina con lo zucchero e lo sciroppo, quindi mescolare la farina d'avena e lo zenzero. Premere in una tortiera (teglia) quadrata da 20 cm/8 unta e cuocere in forno preriscaldato a 180°C/350°F/Gas 4 per circa 20 minuti fino a doratura. Lasciare raffreddare prima di affettare in barrette, quindi lasciare raffreddare completamente nello stampo prima di scartarle.

Frittelle di arachidi

Fa 16

75 g/1/3 di tazza di burro o margarina

50 g/2 once/3 cucchiai di sciroppo di mais dorato (leggero).

100 g/4 once/½ tazza di zucchero di canna morbido

175g/6oz/1½ tazza di farina d'avena

100 g/4 once/1 tazza di noci miste tritate

Sciogliere il burro o la margarina con lo sciroppo e lo zucchero, quindi mescolare la farina d'avena e le noci. Premere in una tortiera (teglia) quadrata da 20 cm/8 unta e cuocere in forno preriscaldato a 180°C/350°F/Gas 4 per circa 20 minuti fino a doratura. Lasciare raffreddare prima di affettare in barrette, quindi lasciare raffreddare completamente nello stampo prima di scartarle.

Biscotti Piccanti Al Limone

Fa 16

100 g/4 once/1 tazza di farina semplice (per tutti gli usi).

100 g/4 once/½ tazza di burro o margarina, ammorbidito

75g/3oz/½ tazza di zucchero a velo (da pasticcere), setacciato

2,5 ml/½ cucchiaino di lievito per dolci

Pizzico di sale

30 ml/2 cucchiai di succo di limone

10 ml/2 cucchiaini di scorza di limone grattugiata

Mescolare farina, burro o margarina, zucchero a velo e lievito. Premere in una tortiera quadrata da 23 cm/9 imburrata e cuocere in forno preriscaldato a 180°C/350°F/gas mark 4 per 20 minuti.

Mescolare gli ingredienti rimanenti e sbattere fino a ottenere un composto chiaro e spumoso. Versare sulla base calda, ridurre la temperatura del forno a 160°C/325°F/gas mark 3 e mettere in forno per altri 25 minuti fino a quando diventa flessibile al tatto. Lasciar raffreddare e poi tagliare a quadretti.

Moka e quadrati di cocco

Fa 20

1 uovo

100 g/4 once/½ tazza di zucchero semolato

100 g/4 once/1 tazza di farina semplice (per tutti gli usi).

10 ml/2 cucchiaini di lievito per dolci

Pizzico di sale

75 ml/5 cucchiai di latte

75 g/1/3 di tazza di burro o margarina, sciolti

15 ml/1 cucchiaio di cacao (cioccolato non zuccherato) in polvere

2,5 ml/½ cucchiaino di essenza di vaniglia (estratto)

Per la farcitura:

75g/3oz/½ tazza di zucchero a velo (da pasticcere), setacciato

50 g di burro fuso o margarina

45 ml/3 cucchiai di caffè nero caldo e forte

15 ml/1 cucchiaio di cacao (cioccolato non zuccherato) in polvere

2,5 ml/½ cucchiaino di essenza di vaniglia (estratto)

25 g / 1 oz / ¼ di tazza di cocco essiccato (triturato).

Sbattere le uova con lo zucchero fino a renderle chiare e spumose. Aggiungere la farina, il lievito e il sale alternandoli al latte e al burro fuso o alla margarina. Aggiungere il cacao e l'essenza di vaniglia. Versare il composto in una tortiera quadrata da 20 cm/8 imburrata e cuocere in forno preriscaldato a 200°C/Gas 6 per 15 minuti fino a quando non sarà ben lievitato ed elastico al tatto.

Per fare il condimento, mescolare insieme lo zucchero a velo, il burro o la margarina, il caffè, il cacao e l'essenza di vaniglia.

Stendere l'impasto caldo e cospargere di cocco. Lasciare raffreddare nella forma, quindi rimuovere e tagliare a quadrati.

Ciao Dolly Biscotti

Fa 16

100 g/4 once/½ tazza di burro o margarina

100 g / 1 tazza di biscotto digestivo

(Graham Crackers) Briciole

100g/4oz/1 tazza di scaglie di cioccolato

100 g / 1 tazza di cocco essiccato (triturato).

100 g / 1 tazza di noci, tritate

400g/14oz/1 lattina grande di latte condensato

Sciogliere il burro o la margarina e unirvi i biscotti sbriciolati. Premere il composto in una base unta e foderata di alluminio di 28 x 18 cm/11 x 7 in una teglia a forma di molla (padella). Cospargere con le gocce di cioccolato, poi il cocco e infine le noci. Versare sopra il latte condensato e cuocere in forno preriscaldato a 180°C/350°F/gas mark 4 per 25 minuti. Tagliare a barrette ancora calde, quindi lasciar raffreddare completamente.

Barrette di noci, cioccolato e cocco

Fa 12

75g/3oz/¾ tazza di cioccolato al latte

75g/3oz/¾ tazza di cioccolato fondente (semidolce).

75g/3oz/1/3 di tazza di burro di arachidi croccante

75 g / 3 once / ¾ tazza di biscotto tritato (Graham crackers)

75g/3oz/¾ tazza di noci, tritate

75 g / 3 once / ¾ tazza di cocco essiccato (triturato).

75g/3oz/¾ tazza di cioccolato bianco

Sciogliere il cioccolato al latte in una ciotola resistente al calore posta sopra una pentola di acqua bollente. Stendere sul fondo di una tortiera quadrata da 23 cm/7 e lasciar raffreddare.

Sciogli delicatamente il cioccolato fondente e il burro di arachidi a fuoco basso, quindi aggiungi le briciole di biscotti, le noci e il cocco. Distribuire sul cioccolato set e raffreddare fino al set.

Sciogliere il cioccolato bianco in una ciotola resistente al calore posta sopra una pentola di acqua bollente. Cospargete i biscotti secondo lo schema, lasciate solidificare e tagliate a barrette.

Quadrati Di Noce

Fa 12

75g/3oz/¾ tazza di cioccolato fondente (semidolce).

50 g di burro o margarina

100 g/4 once/½ tazza di zucchero semolato

2 uova

5 ml/1 cucchiaino di essenza di vaniglia (estratto)

75 g di farina di frumento (per tutti gli usi)

2,5 ml/½ cucchiaino di lievito per dolci

100 g/4 once/1 tazza di noci miste tritate

Sciogliere il cioccolato in una ciotola resistente al calore in una pentola di acqua bollente. Mescolare il burro fino a quando non si scioglie, quindi aggiungere lo zucchero. Togliere dal fuoco e sbattere le uova e l'essenza di vaniglia. Aggiungere la farina, il lievito e le noci. Versare il composto in una teglia quadrata da 25 cm/10 unta e cuocere nel forno preriscaldato a 180°C/350°F/gas mark 4 per 15 minuti fino a doratura. Tagliare a quadratini ancora caldi.

Fette di arancia pecan

Fa 16

375 g/13 once/3¼ tazze di farina semplice (per tutti gli usi).

275g/10oz/1¼ tazze di zucchero fine

5 ml/1 cucchiaino di lievito in polvere

75 g/1/3 di tazza di burro o margarina

2 uova sbattute

175ml/6oz/¾ tazza di latte

200 g/7 oz/1 mandarini piccoli in scatola, scolati e tritati grossolanamente

100 g / 1 tazza di noci pecan, tritate

Scorza finemente grattugiata di 2 arance

10 ml/2 cucchiaini di cannella in polvere

Mescolare insieme 325 g/3 tazze di farina, 225 g/1 tazza di zucchero e il lievito. Sciogli 50 g di burro o margarina e aggiungi le uova e il latte. Mescolare delicatamente il liquido negli ingredienti secchi fino a che liscio. Aggiungere i mandarini, le noci pecan e la scorza d'arancia. Versare in una teglia da 30 x 20 cm/12 x 8 unta e foderata. Grattugiare la farina rimanente, lo zucchero, il burro e la cannella e cospargerli sull'impasto. Cuocere in forno preriscaldato a 180°C/350°F/Gas 4 per 40 minuti fino a doratura. Lasciare raffreddare nello stampo, quindi tagliare in circa 16 fette.

Parkin

Fa 16 quadrati

100 g/4 once/½ tazza di strutto (accorciato)

100 g/4 once/½ tazza di burro o margarina

75 g/3 once/1/3 di tazza di zucchero di canna morbido

Sciroppo di mais dorato (leggero) da 100 g/4 once/1/3 di tazza

100g/4oz/1/3 di tazza di melassa nera (melassa)

10 ml/2 cucchiaini di bicarbonato di sodio

150 ml/¼ pt/2/3 tazza di latte

225 g/8 oz/2 tazze di farina integrale (integrale)

225 g/8 once/2 tazze di farina d'avena

10 ml/2 cucchiaini di zenzero macinato

2,5 ml/½ cucchiaino di sale

Sciogliere in una padella lo strutto, il burro o la margarina, lo zucchero, lo sciroppo e la melassa. Sciogliere il bicarbonato nel latte e mescolare in padella con gli altri ingredienti. Versare in una tortiera quadrata da 20 cm/8 unta e foderata e cuocere in forno preriscaldato a 160°C/325°F/gas mark 3 per 1 ora fino a quando non si solidifica. Può affondare dentro. Lasciar raffreddare, quindi conservare in un contenitore ermetico per alcuni giorni prima di tagliare a quadrati e servire.

barrette al burro di arachidi

Fa 16

100 g/1 tazza di burro o margarina

175 g/6 once/1¼ di tazza di farina semplice (per tutti gli usi).

175 g/6 once/¾ di tazza di zucchero di canna morbido

75 g/3 once/1/3 di tazza di burro di arachidi

Pizzico di sale

1 tuorlo piccolo, sbattuto

2,5 ml/½ cucchiaino di essenza di vaniglia (estratto)

100g/4oz/1 tazza di cioccolato fondente (semidolce).

50 g/2 once/2 tazze di fiocchi di riso soffiato

Strofina il burro o la margarina nella farina fino a quando il composto non assomiglia al pangrattato. Aggiungere lo zucchero, 30 ml/2 cucchiai di burro di arachidi e il sale. Incorporare il tuorlo d'uovo e l'essenza di vaniglia e mescolare fino a quando non saranno ben amalgamati. Premere in una tortiera quadrata da 25 cm / 10 (teglia). Cuocere in forno preriscaldato a 160°C/325°F/Gas 3 per 30 minuti fino a quando non diventa gonfio e flessibile al tatto.

Sciogliere il cioccolato in una ciotola resistente al calore in una pentola di acqua bollente. Togliere dal fuoco e aggiungere il restante burro di arachidi. Aggiungere i cereali e mescolare bene fino a ricoprirli di cioccolato. Versare un cucchiaio sopra la torta e livellare la superficie. Lasciare raffreddare, quindi raffreddare e tagliare a barrette.

Fette da picnic

Fa 12

225g/8oz/2 tazze di cioccolato fondente (semidolce).

50 g/2 once/¼ di tazza di burro o margarina, ammorbiditi

100 g/4 once/½ tazza di zucchero semolato

1 uovo, leggermente sbattuto

100 g / 1 tazza di cocco essiccato (triturato).

50g/2oz/1/3 di tazza di uva sultanina (uvetta dorata)

50 g di ciliegie glassate (candite), tritate

Sciogliere il cioccolato in una ciotola resistente al calore posta sopra una pentola di acqua bollente. Versare in una base unta e foderata con uno Swiss Roll 30 x 20 cm/12 x 8 (teglia per gelatina). Sbattere il burro o la margarina con lo zucchero fino a ottenere un composto chiaro e spumoso. Aggiungere gradualmente l'uovo, quindi mescolare il cocco, l'uva sultanina e le ciliegie. Spennellare con il cioccolato e cuocere in forno preriscaldato a 150°C/300°F/gas mark 3 per 30 minuti fino a doratura. Lasciar raffreddare e poi tagliare a bastoncini.

Barrette all'ananas e cocco

Fa 20

1 uovo

100 g/4 once/½ tazza di zucchero semolato

75 g di farina di frumento (per tutti gli usi)

5 ml/1 cucchiaino di lievito in polvere

Pizzico di sale

75 ml/5 cucchiai d'acqua

Per la farcitura:

200 g/7 oz/1 lattina piccola di ananas, scolata e tritata

25 g/2 cucchiai di burro o margarina

50 g/2 once/¼ di tazza di zucchero semolato

1 tuorlo

25 g / 1 oz / ¼ di tazza di cocco essiccato (triturato).

5 ml/1 cucchiaino di essenza di vaniglia (estratto)

Sbattere l'uovo con lo zucchero fino a renderlo chiaro e chiaro. Aggiungere la farina, il lievito e il sale alternandoli all'acqua. Versare in una tortiera quadrata da 18 cm/7 unta e infarinata e cuocere in forno preriscaldato a 200°C/400°F/Gas 6 per 20 minuti, fino a quando non sarà gonfia ed elastica al tatto. Metti l'ananas sulla torta calda. Riscaldare gli altri ingredienti della guarnizione in una piccola casseruola a fuoco basso, mescolando continuamente, fino a quando non saranno ben combinati, senza far bollire la miscela. Completare con un cucchiaio di ananas, quindi rimettere la torta in forno per altri 5 minuti fino a quando la parte superiore è dorata. Lasciare raffreddare nello stampo per 10 minuti, quindi posizionare su una gratella per completare il raffreddamento prima di affettare in barrette.

Torta di prugne e lievito

Fa 16

15 g di lievito fresco o 20 ml/4 cucchiaini di lievito secco

50 g/2 once/¼ di tazza di zucchero semolato

150 ml/¼ pt/2/3 tazza di latte caldo

50 g di burro fuso o margarina

1 uovo

1 tuorlo

250 g/9 once/2¼ tazze di farina normale (per tutti gli usi).

5 ml/1 cucchiaino di scorza di limone finemente grattugiata

675 g di prugne, tagliate in quarti e snocciolate (senza nocciolo)

Zucchero a velo (da pasticcere), setacciato, per spolverare

Cannella in polvere

Mescolare il lievito con 5 ml/1 cucchiaino di zucchero e un po' di latte tiepido e mettere da parte in un luogo caldo per 20 minuti fino a ottenere un composto spumoso. Sbattere lo zucchero e il latte restanti con il burro fuso o la margarina, l'uovo e il tuorlo. In una ciotola unire la farina e la scorza di limone e fare un buco al centro. Sbattere gradualmente il composto di lievito e il composto di uova in un impasto morbido. Sbattere fino a quando l'impasto è molto liscio e le bolle iniziano a formarsi sulla superficie. Premere delicatamente in una tortiera quadrata da 25 cm/10 imburrata e infarinata. Disporre le prugne vicine l'una all'altra sopra la torta. Coprire con pellicola trasparente oliata (foglio) e lasciare in un luogo caldo per 1 ora fino a raddoppiare le dimensioni. Mettere in forno preriscaldato a 200°C/400°F/Gas 6, quindi ridurre immediatamente la temperatura del forno a 190°C/375°F/Gas 5 e cuocere per 45 minuti. Ridurre nuovamente la temperatura del forno a 180°C/350°F/gas mark 4 e cuocere per altri 15 minuti fino a doratura. Mentre la torta è ancora calda spolverizzatela di zucchero a velo e cannella, lasciatela raffreddare e tagliatela a cubetti.

Barrette di zucca americane

Fa 20

2 uova

175 g/6 once/¾ di tazza di zucchero (molto fine).

120ml/4oz/½ tazza di olio

225 g di zucca cotta a dadini

100 g/4 once/1 tazza di farina semplice (per tutti gli usi).

5 ml/1 cucchiaino di lievito in polvere

5 ml/1 cucchiaino di cannella in polvere

2,5 ml/½ cucchiaino di bicarbonato di sodio (bicarbonato di sodio)

50g/2oz/1/3 di tazza di uva sultanina (uvetta dorata)

torta alla crema di formaggio

Sbattere le uova fino a renderle chiare e spumose, quindi sbattere lo zucchero e l'olio e mescolare con la zucca. Sbattere la farina, il lievito, la cannella e il bicarbonato di sodio fino a quando non saranno ben amalgamati. Mescolare in uvetta. Versare il composto in uno stampo per ciambelle da 30x20 cm/12x8 imburrato e infarinato e cuocere in forno preriscaldato a 180°C/350°F/gas mark 4 per 30 minuti fino a quando lo stecchino inserito esce pulito all'interno. Lasciare raffreddare, quindi spalmare con la guarnizione di formaggio e tagliare a bastoncini.

Barrette di mele cotogne e mandorle

Fa 16

450 g / 1 libbra di mele cotogne

50 g/2 once/¼ di tazza di strutto (accorciamento)

50 g di burro o margarina

100 g/4 once/1 tazza di farina semplice (per tutti gli usi).

30 ml/2 cucchiai di zucchero fine (molto fine).

Circa 30 ml/2 cucchiai d'acqua

Per il ripieno:
75 g/1/3 di tazza di burro o margarina, ammorbiditi

100 g/4 once/½ tazza di zucchero semolato

2 uova

Qualche goccia di essenza di mandorla (estratto)

100 g / 1 tazza di mandorle tritate

25 g/1 oz/¼ di tazza di farina normale (per tutti gli usi).

50g/2oz/½ tazza di mandorle a scaglie (affettate).

Sbucciare le mele cotogne, svuotarle e tagliarle a fettine sottili. Metti in una padella e versa solo acqua. Portare a ebollizione e cuocere a fuoco lento per circa 15 minuti fino a quando saranno teneri. Scolare l'acqua in eccesso.

Strofinare lo strutto e il burro o la margarina nella farina fino a ottenere un composto simile al pangrattato. Aggiungi lo zucchero. Aggiungere abbastanza acqua per impastare in un impasto morbido, quindi stendere su una superficie leggermente infarinata e rivestire il fondo e i lati di una teglia da 30 x 20 cm/12 x 8 in uno stampo per rotoli (teglia per gelatina). Punzecchiare con una forchetta. Usando un cucchiaio forato, adagiare le mele cotogne sulla pastella.

Montare a crema il burro o la margarina con lo zucchero, quindi sbattere gradualmente le uova e l'essenza di mandorle. Aggiungere le mandorle tritate e la farina, quindi versare sopra le mele cotogne. Cospargete sopra le mandorle a lamelle e cuocete in forno preriscaldato a 180°C/350°F/gas mark 4 per 45 minuti fino a quando saranno sode e dorate. Dopo il raffreddamento, tagliare a quadrati.

Barrette di uvetta

Fa 12

175 g/6 once/1 tazza di uvetta

250ml/8oz/1 tazza di acqua

75 ml/5 cucchiai di olio

225 g/8 oz/1 tazza di zucchero fine

1 uovo, leggermente sbattuto

200 g/7 oz/1¾ tazza di farina (per tutti gli usi)

1,5 ml/¼ di cucchiaino di sale

5 ml/1 cucchiaino di bicarbonato di sodio

5 ml/1 cucchiaino di cannella in polvere

2,5 ml/½ cucchiaino di noce moscata grattugiata

2,5 ml/½ cucchiaino di pimento macinato

Un pizzico di chiodi di garofano macinati

50g/2oz/½ tazza di gocce di cioccolato

50 g/2 once/½ tazza di noci, tritate

30 ml/2 cucchiai di zucchero a velo (dolciumi), setacciato

Portare a ebollizione l'uvetta e l'acqua, quindi aggiungere l'olio, togliere dal fuoco e mettere da parte a raffreddare. Aggiungere lo zucchero a velo e l'uovo. Mescolare farina, sale, bicarbonato di sodio e spezie. Frullare con il composto di uvetta, quindi aggiungere le scaglie di cioccolato e le noci. Versare in una tortiera (teglia) quadrata da 30 cm/12 unta e cuocere in forno preriscaldato a 190°C/375°F/gas mark 5 per 25 minuti fino a quando l'impasto inizia a restringersi dai lati della teglia. Lasciar raffreddare, spolverizzare di zucchero a velo e tagliare a barrette.

quadrati di farina d'avena lampone

Fa 12

175 g/6 once/¾ di tazza di burro o margarina

225 g/8 oz/2 tazze di farina autolievitante (autolievitante)

5 ml/1 cucchiaino di sale

175g/6oz/1½ tazza di farina d'avena

175 g/6 once/¾ di tazza di zucchero (molto fine).

300 g/11 oz/1 lattina media di lamponi, scolati

Strofinare il burro o la margarina nella farina e nel sale, quindi mescolare l'avena e lo zucchero. Premete metà del composto in una teglia quadrata da 25cm/10 unta. Cospargere con i lamponi e ricoprire con il restante composto, pressando bene. Cuocere in forno preriscaldato a 200°C/gas 6 per 20 minuti. Lasciare raffreddare nella forma, quindi tagliare a quadrati.

www.ingramcontent.com/pod-product-compliance
Lightning Source LLC
Chambersburg PA
CBHW071423080526
44587CB00014B/1729